Antonio Tabucchi

La gastrite di Platone

Sellerio editore
Palermo

Tabucchi, Antonio <1943>

La gastrite di Platone / Antonio Tabucchi. - Palermo : Sellerio, 1998.
(La memoria ; 408)
ISBN 88-389-1421-4
858.914 CDD-20

CIP - *Biblioteca centrale della Regione siciliana*

Titolo originale: *La gastrite de Platon*, Éditions Mille et une nuits, Paris, 1997, a cura di Bernard Comment.

La gastrite di Platone

Alla cara memoria di Leonardo Sciascia
e Pierpaolo Pasolini, con molta nostalgia

Il futuro ha un cuore antico.

CARLO LEVI

Non accetterei mai di far parte
di un club che accettasse fra i
suoi soci persone come me.

GROUCHO MARX

POMPIERE Esattamente tra tre quarti d'ora e sedici minuti ho un incendio all'altro capo della città. Devo sbrigarmi. Per quanto non si tratti di un granché.
SIGNORA SMITH Di cosa si tratterà mai, di un focherello di caminetto?
POMPIERE Oh, ancora meno. Un fuoco di paglia e un leggero bruciore di stomaco.

EUGÈNE IONESCO, *La cantatrice calva*

Questa diabolica messinscena è anche il contenuto di due racconti pubblicati non a caso in concomitanza con l'inizio del processo di 1° grado – «Una storia semplice» di Sciascia – e di 2° grado – «Può il batter d'ali di una farfalla a New York procurare un tifone a Pechino?» di Tabucchi.
Dalla sentenza del 1° processo d'appello contro Sofri, Bompressi e Pietrostefani redatta dal giudice a latere, dott.ssa Laura Bertolé Viale, 1991

Il carro del vittimismo è tirato da questi buoi, da questi utili idioti [gli intellettuali].
Dalla Requisitoria del Procuratore generale Ugo Dello Russo, rappresentante dell'accusa al 1° processo d'appello contro Sofri, Bompressi e Pietrostefani, 1991

… e la gallina
tornata in su la via
che ripete il suo verso.

GIACOMO LEOPARDI

Prologo

Ove si giustifica questa *Gastrite*

Questo libriccino di tema assai italiano rimbalza paradossalmente in Italia dalla Francia; e dell'interesse degli amici francesi è debitore dopo un'andata e ritorno nel Paese transalpino. Senza l'intraprendenza di Bernard Comment, che ne ha architettato la struttura, provvedendo anche alla sua costruzione, esso non esisterebbe come volume a sé stante, sussistendo come breve saggio (meglio, «intervento») pubblicato su «Micromega» del maggio 1997 col titolo *Un fiammifero Minerva* e che traeva spunto da una «Bustina di Minerva» di Umberto Eco («L'Espresso», 24 aprile 1997) intitolata *Il primo dovere degli intellettuali: stare zitti quando non servono a niente*. Mi parve che in tale scritto Umberto Eco, affidando all'intellettuale esclusivamente la gestione della cultura (direi quasi dei beni culturali) e fondandosi su due imperiose asserzioni (la prima, che quando la casa va a fuoco l'unica cosa sensata che l'intellettuale possa fare è chiamare i pompieri; la seconda, che sia vano fare opera di convincimento su sindaci impermeabili a maniere di civile educazione e dunque più utile per l'intellettuale scrivere dei manuali ad uso dei nipotini di tali sindaci affinché non crescano con la mentalità dei nonni), tracciasse dell'intellettuale un profilo eccessivamente malinconico (o magari inconsapevolmente cinico). Il mio intervento su «Micromega» non era tanto teso a «riabilitare» la controversa figura dell'intellettuale (che non si sa se appartenga alla vil razza dannata o piuttosto alla specie dell'araba fenice) quanto eventualmente la sua sporadica «funzione» all'interno del consorzio umano attuale, soprattutto in Italia. E nel far ciò mi sembrò opportuno, se non indispensabile, ricorrere a un esemplare della specie intellettuale che Eco curiosamente nel suo testo trascurava: lo scrittore e/o il poeta. La «dimenticanza» di Eco mi parve degna di riflessione, non tanto a causa di Eco, che è anche scrittore, quanto perché attrasse la mia attenzione sul tipo di «ruolo» che lo scrittore e il poeta abbiano potuto ricoprire nell'Italia del dopoguerra (tralasciando quella monarchica e fascista). Ruolo che considerai essere stato di scarso prestigio: anzi, che mi levò alla conclusione che tale esemplare zoologico, quando non tenuto in gran dispitto dal Palazzo (pasolinianamente inteso) era sempre stato considerato con una certa sufficienza dalle istituzioni intellettuali e culturali ad esso correlate (accademie, scuole critiche, ecc.) e da esse sempre trattato con condiscendente superiorità, perché considerato creatura bizzarra, magari pittoresca, ma comunque della quale si poteva del tutto fare a meno (il famoso «a prescindere» di Totò). Del resto una mentalità corrente derivante in parte da Pareyson e in parte da certa ermeneutica novecentesca, fondata sull'umile precetto che l'ermeneuta «ne sa di più dell'autore stesso» (Schleiermacher) non può che arrivare al sillogismo pratico che il commentatore può anche fare a meno del commentato: il che ci ricorda i Grammatici di cervantina memoria che non avevano bisogno della lingua. E i risultati si sono visti.[1]

La prima asserzione di Eco, basata sulla metafora pompieristica (e politicamente assai corretta: chi non chiamerebbe i pompieri quando gli va a fuoco la casa?) mi parve, per così dire, insufficiente: ove si consideri la solerzia che il benemerito Corpo ha dimostrato laddove le italiane sciagure lo chiamavano. (E i cittadini ricorderanno l'efficienza dei nostri vigili del fuoco intenti a intervenire alla stazione di Bologna dopo la bomba dell'agosto del 1980. Solo che non è compito del capitano dei pompieri, poveruomo, individuare chi collocò l'ordigno che dell'incendio e delle macerie – e soprattutto dei morti – fu causa: ed è questo che ai cittadini, oltre che all'intellettuale, piacerebbe sapere).

La seconda asserzione, e cioè il compito attribuito all'intellettuale destinato a paziente educatore dei nipotini del sindaco maleducato, mi parve tema di riflessione adatto a un intellettuale come Adriano Sofri.

Chi meglio di lui poteva disporre in prospettiva di una ventina d'anni di «tempo libero» per scrivere un manuale utile alla formazione spirituale dei nipotini del suo accusatore?

[1] Resta da vedere se il sillogismo pratico che la *Nicomachea* aristotelica concludeva con il «dunque questo cibo è adatto a me», non abbia portato ad abbuffate assai indigeste, per la cui cartella clinica, più che la filosofia, ci servono i detti popolari: e cioè se chi ne sapeva una più del diavolo non abbia trovato invece il diavolo nel catino.

Fu così che decisi di indirizzare la mia riflessione su «Micromega» ad Adriano Sofri, sotto forma di lettera aperta. Ciò mi parve anche una maniera, magari disarmata, di invitare l'intellighenzia italiana a una dialettica partitella non solo intorno ad astratte teorie, ma soprattutto intorno a un fenomeno di natura empirica la cui abnormità mi parve (e mi pare) assai inquietante (dico la condanna di Sofri, Bompressi e Pietrostefani). Ma probabilmente a causa del mio ottimismo, che non aveva preso in considerazione il pensionamento nel quale sono stati collocati il termine «dialettica» e il filosofo che più ne fece uso, al di là di qualche palleggio con il destinatario della lettera (il cortile del carcere non ha evidentemente le stesse caratteristiche del terreno di Wimbledon, né il suo muro quelle della rete divisoria del tennis) mi ritrovai a giocare una partita simile a quella che si vede nel *Blow up* di Antonioni, e dalle mie antitesi opposte alle tesi di Eco risultò una sintesi assai frugale dove all'appetito seguì praticamente un digiuno quaresimale. Di questo magro, direi platonico banchetto (mai l'aggettivo mi parve più appropriato) ove i succhi gastrici profusi appaiono sproporzionati in modo ridicolo all'esiguità delle pietanze da digerire che il convento oggi passa a tutti noi, questa piccola e inevitabile *Gastrite* vuole rendere testimonianza.

Capitolo I

Un fiammifero Minerva

Considerazioni a caldo sulla figura dell'intellettuale indirizzate ad Adriano Sofri

> ... quello che non sapremo mai
> noi uomini forniti di briquet,
> di lumi no.
>
> EUGENIO MONTALE

Vecchiano, 25 aprile 1997

Caro Adriano Sofri,

il motivo di questa mia lettera aperta è originato dalla lettura di un articolo di Umberto Eco nella sua rubrica settimanale «La Bustina di Minerva» («L'Espresso», 24 aprile 1997), che si intitola: *Il primo dovere degli intellettuali: stare zitti quando non servono a niente*. La tesi avanzata da Eco, che tutti noi consideriamo ovviamente un intellettuale dotato di ottima cultura, è esposta con i canoni della geometria, e nella sua astratta impostazione non si riferisce a nessuna situazione specifica (oltre ai sassi dai cavalcavia) del momento storico che tutti noi stiamo vivendo, ma si avvale di esempi metaforici che tuttavia potrebbero plausibilmente essergli applicati. Su tale articolo ho riflettuto e sto riflettendo, e mi piacerebbe sentire la tua opinione su questo tema perché ti considero un intellettuale dotato di grande lucidità di analisi, ma soprattutto perché apprezzo la tua libertà intellettuale (la parola libertà, diretta a te suona purtroppo beffarda) che è spregiudicata quanto necessario ma mai arrogante e assiomatica; e il tuo giudizio che diffida del conformismo in un Paese come il nostro dove il conformismo è un fatto antico, lo trovo apportatore di «novità». E, finalmente, perché ti considero un intellettuale creativo, da una parte in virtù della dialettica del tuo pensiero, che come ogni dialettica è creativa, in quanto produce un terzo elemento nuovo; e, per un'altra parte, a causa della situazione che stai vivendo, che è (malgrado te, e ti prego di scusarmi e di non considerarmi cinico) portatrice di una «novità» culturale, magari allarmante, che io ho deciso di cogliere subito. Ed è per questo che mi dirigo a te e che ti propongo un dialogo sui mezzi a stampa dei quali ciascuno di noi dispone.

Inoltre mi interessa il tuo punto di vista. Dico «punto di vista», forse con il vizio del mio punto di vista: cioè il punto di vista di chi, avendo ormai scritto molti romanzi, ha praticato con i suoi personaggi i punti di vista più disparati, giungendo alla convinzione che il punto di vista, se in narrativa ha un'importanza rilevante, nella vita è un fatto fondamentale. E già l'antico Poeta spagnolo diceva che «*una cosa piensa el bayo y otra quien lo ensilla*» e cioè, che una cosa pensa il cavallo e un'altra chi gli sta in sella.

Non sono mai stato molto dotato nel disegno geometrico. Per questo ai tempi del liceo ammiravo il mio compagno di banco che senza problemi riusciva rapidamente a trasformare un solido, perfino un dodecaedro, in una figura piana distesa sul piano del quaderno e leggibile comodamente da un unico punto di vista: da colui che lo guardava di fronte. Io mi rendevo conto che quella figura sul quaderno era la conquista della purezza, della quintessenza, l'olimpica serenità acquisita dal dodecaedro che perdeva l'inquieta voluminosità con cui ingombrava lo spazio. Eppure, per quanti sforzi facessi in direzione dell'idea platonica (chiamiamola così) del dodecaedro, la mia tendenza era di farne il giro per guardarne le dodici facce, osservando la sua, senz'altro più volgare, materialità. Quella era, se così posso esprimermi, la mia ingenua illusione di «capire» il dodecaedro: cambiare punto di vista per guardare le sue facce. Questa mia naturale inclinazione fu in seguito confortata da molte letture di libri scritti da gente che sostanzialmente girava intorno ai dodecaedri (e che sarebbe noioso elencare) e, fra l'altro, da un illuminante saggio di Umberto Eco (*L'opera aperta*: era il 1962, e io ero un fanciullo) dove trovai un saggio assai intrigante dedicato alle poetiche di Joyce. In esso il «punto di vista» era addirittura interpretato come «metafora epistemologica» (in questo caso attraverso il linguaggio). O meglio, per dirla con Eco, «come se Joyce avesse confusamente avvertito la possibilità di vedere le cose in alcuni modi diversi da quelli tradizionali e avesse applicato al linguaggio delle "ottiche" differenti». Quello che mi interessò di più, nell'abilissima analisi che Eco faceva di *Finnegans Wake*, era la reversibilità del Tempo. Applicando alla narrativa di Joyce la teoria di uno scienziato americano (Hans Reichenbach, *Direction of Time*, 1956) Eco dimostrava come Joyce sconvolgesse la narrativa tradizionale (e dunque, è bene specificare, la lettura tradizionale della concatenazione logica degli eventi). Osservava Eco che «se nel romanzo tradizionale, A (ad esempio la cupidigia di Don Rodrigo) è visto come causa di eventi B, C, D (fuga degli sposi, ratto di Lucia, espatrio di Renzo), in un libro come *Finnegans Wake* si verifica invece tutt'altra situazione: a seconda di come un termine viene inteso, cambia totalmente la situazione prospettata nelle pagine precedenti, e da come un'allusione viene interpretata, l'identità stessa di una apparizione remota viene posta in causa e deformata» (U. Eco, ora in *Le poetiche di Joyce*, Bompiani, 1966 varie ed. successive). La cosa, non si può negare, apriva prospettive epistemologiche assai attraenti. Leggere la realtà «al rovescio», scambiando l'asse causa-effetto era allettante. E se alla reversibilità del Tempo (e del flusso) joyciano si sostituisce la «reversibilità della Storia», la lettura si fa ancora più interessante e può riservare sorprese, soprattutto quando le cause sono avvolte nel mistero. Per fare questo non è indispensabile possedere la maestria del linguaggio di Joyce, basta averne capito il principio. Anche perché il «sistema» di Joyce ha qualcosa che richiama un noto problema di logica (passato poi alla sciaradistica) che si può enunciare in questi termini: un condannato sta in una cella dove ci sono due porte, ciascuna delle quali sorvegliata da un guardiano. Una porta conduce al patibolo, l'altra alla salvezza.

Un guardiano dice sempre la verità, l'altro dice sempre le menzogne. Il condannato non sa quale è la porta della salvezza e quella del patibolo, e non sa quale è il guardiano veritiero e quello menzognero. Tuttavia ha la possibilità di salvarsi, ma può fare solo una domanda a uno solo dei guardiani. Quale domanda deve fare? Questa la soluzione. Per salvarsi egli deve chiedere a una delle sentinelle quale sia la porta che secondo il suo collega conduce alla salvezza (o al patibolo) e poi cambiare la porta che gli sarà indicata. Infatti se interpella il guardiano veritiero, costui, riferendo in modo veritiero la menzogna del collega, gli indicherà la porta sbagliata. Se interpella il guardiano menzognero, costui, riferendo in modo menzognero la verità del collega, gli indicherà la porta sbagliata. In conclusione: bisogna sempre cambiare porta. Morale: per arrivare alla verità bisogna sempre stravolgere l'opinione di un'opinione. (È già la seconda volta, caro Sofri, che faccio degli esempi che data la tua condizione ti potrebbero sembrare di dubbio gusto. Ti prego di scusarmi).

Naturalmente la reversibilità della «logica» joyciana sconvolge anche la cosiddetta «dietrologia». Nel senso che il «dietro» è già qui, *davanti a noi*. Supponiamo dunque che la lettura della tua vicenda giudiziaria, alla luce di un Joyce spiegato da Eco, possa servire da «illuminazione» per qualcuno, su alcune pagine di storia italiana recente. Questo qualcuno, se riesce a fare un ragionamento di questo genere è a suo modo un intellettuale, nel senso che usa l'intelletto e una sua metodologia. E costui naturalmente si inquieta, perché la faccenda gli appare assai inquietante. E la tua vicenda, oltre che costituire l'esempio di una sentenza che a molti appare ingiusta perché priva di prove verificabili, assume una dimensione molto più vasta: è davvero il perturbante di freudiana memoria, un *Unheimlich* non più desunto da un racconto di Hoffmann, ma dalla Storia. Insomma diventa (mi dispiace per te che stai lì, ma mi spiace anche per noi che stiamo qui) un oscuro segno (semiologicamente inteso) che risemantizza le pagine precedenti. E a questo punto la tua vicenda giudiziaria non sarebbe più tanto l'effetto di una causa, quanto, paradossalmente, la causa postuma di un effetto preventivo. Come dire: non è l'appetito a giustificare il cibo deglutito, ma è il cibo deglutito a giustificare l'appetito.

Il discorso è complicato? Certo che è complicato. Ma io e te possiamo tentare di farlo, perché siamo due intellettuali che abbiamo letto Joyce spiegato da un intellettuale come Umberto Eco. Ma quale è la figura dell'intellettuale che propone oggi Umberto Eco nell'articolo dell'«Espresso» che ti dicevo? Te ne cito un brano: «Se li si prende per quel che sanno dire (quando ci riescono) gli intellettuali sono utili alla società, ma solo nei tempi lunghi. Nei tempi brevi possono essere solo professionisti della parola e della ricerca, che possono amministrare una scuola, fare l'ufficio stampa di un partito o di una azienda, suonare il piffero alla rivoluzione, ma non svolgono la loro specifica funzione. Dire che essi lavorano nei tempi lunghi significa che svolgono la loro funzione prima e dopo, mai durante gli eventi. Un economista o un geografo potevano lanciare un allarme sulla trasformazione dei trasporti via terra nel momento in cui è entrato in scena il vapore, e potevano analizzare vantaggi e inconvenienti futuri di questa trasformazione; o compiere cento anni dopo uno studio per dimostrare come quell'invenzione aveva rivoluzionato la nostra vita. Ma nel momento in cui le aziende di diligenze andavano in rovina o le prime locomotive si fermavano per strada, non avevano nulla da proporre, in ogni caso assai meno di un postiglione o di un macchinista, e chi avesse invocato la loro alata parola si sarebbe comportato come chi rimproverasse a Platone di non aver proposto un rimedio per la gastrite».

E qui, caro Sofri, colui che da intellettuale (ma io aggiungo anche da *poeta* e *scrittore*, parole che Eco non usa mai) sperava di usare la poetica dell'illuminazione joyciana come chiave epistemologica (senza parlare dell'illuminazione rimbaudiana, andando più indietro, perché il veggente esplicitato da Rimbaud ha una storia lunga, come dirò più tardi, nel percorso dell'«intellettualità»), costui, dicevo, si sente fortemente scoraggiato. Chi eventualmente avesse intuito che il *Finnegans Wake* è «un libro che non finisce perché è cominciato in un certo modo, ma si può dire che cominci perché finisce in quel modo» (U. Eco, *Le poetiche di Joyce*, cit.), si trova di fronte a una sorta di divieto. Quel principio non serve a niente: serve solo a Joyce per scrivere il suo libro. E, certo, non tutti sono Joyce. Ma, come dice Gertrude Stein, «i piccoli artisti hanno *tutti* i dolori e le infelicità dei grandi artisti, solo che non sono grandi artisti». E se questo principio è vero, è anche vero che, con i loro dolori e infelicità, tutti i piccoli artisti, anche se non possono scrivere il *Finnegans Wake*, possono almeno «sentirlo» e adoperarlo come grimaldello per scardinare la porta della realtà. Insomma, quei piccoli artisti (o se vogliamo, «intellettuali») non è che debbano scrivere un'opera come il *Finnegans*, ma possono applicarne la *funzione conoscitiva*. Cercare cioè di percorrere il discorso al rovescio con una logica che non ubbidisce a una sequenza conformista della realtà, e che ha uno statuto agnitivo, quel tipo di conoscenza, come dice T. Wilder (che fra l'altro Eco citava proprio nel suo saggio) che è data «dall'intelligenza che riduce la paura» (anche perché la paura fa novanta). Insomma siamo al principio di Hermann Broch il quale parla di «missione» che Eco, fra l'altro, nega esplicitamente. Quella «missione del poetico» che consente all'artista di superare la sensatissima ma limitatissima logica di Wittgenstein, che invece sembra additata a modello dall'articolo di Eco, che consente di parlare solo di ciò che si conosce. È proprio qui che la mia interpretazione dell'intellettuale diverge da quella di Eco e francamente preferisco il «secondo» Wittgenstein quando dice che in certe cose una logica troppo perfetta e liscia è pericolosa perché ci si può scivolare come su una lastra di ghiaccio (dice: «Datemi l'attrito e il terreno ruvido»; cito a memoria). Il compito dell'intellettuale (ma, vorrei insistere, quello dell'artista) è proprio questo, caro Adriano Sofri: rimproverare a Platone di non aver inventato il rimedio per la gastrite. È questa la sua «funzione» (e, specifico, funzione *sporadica*): ed è per questo che in un mio precedente articolo sul «Corriere», rispondendo a un «Causeur» che voleva fare degli intellettuali un'Istituzione, avevo parlato di «funzione». Altrimenti che ce ne facciamo di Joyce? O di Benjamin? O di Rimbaud? Li buttiamo via? Li teniamo rilegati in cuoio nelle nostre preziose librerie o li ficchiamo in soffitta come «oggetti desueti»? E che fare di Pasolini, il nostro amato Pasolini, che affermò *Io so* su tutti i misteri d'Italia? Del suo «sapere» noi sappiamo che di fatto non sapeva niente. Eppure sapeva tutto. Ce lo siamo già dimenticato? Io non me lo sono dimenticato, e credo neanche tu, caro Sofri. Però forse non è superfluo citare quel suo testo intitolato *Io so* che è del 1974:

«Io so, io so i nomi dei responsabili di quello che viene chiamato golpe (perché in realtà è una serie di golpes istituitisi a sistema di protezione del Potere).

«Io so i nomi dei responsabili della strage di Milano del dicembre 1969.

«Io so i nomi dei responsabili delle stragi di Brescia e di Bologna dei primi mesi del '74.

«Io so i nomi del "vertice" che ha manovrato dunque sia i vecchi fascisti sia i nuovi fascisti e insieme gli ignoti [... ecc. ecc.].

«Io so, perché sono un intellettuale, uno scrittore che cerca di seguire tutto ciò che succede, di conoscere tutto ciò che scrive, di immaginare tutto ciò che non si sa o che si tace, che coordina fatti anche lontani, che mette insieme i pezzi disorganizzati e frammentari di un intero e coerente quadro politico, che ristabilisce la logica là dove sembravano regnare l'arbitrarietà, la follia e il mistero».

Del resto, che Pasolini, già negli anni Sessanta, intendesse la figura dell'intellettuale in modo opposto a quella che cercava di diffondere la neoavanguardia, è palesato da un suo testo intitolato *Reportage su Dio*, che l'intellighenzia italiana sembra aver rimosso dal suo panorama. Ma io l'ho conservato. È del 1966, anno delle *Poetiche di Joyce* di Eco, e apparve in un volumetto dell'editrice Sadea («Quindicinale di narrativa» n. 7, lire 300) che si vendeva nei chioschi dei giornali, dove trovavi in un mucchio selvaggio (titolo di una bella rivista giovanile, fra l'altro, di tipo intellettuale-creativo) nomi come Hamsun, Traven, Caldwell. In esso Pasolini dettava all'aspirante giornalista di un settimanale *liberal* di allora, una sua sociologia del football, pretesto per una sociologia della sua Italia, eseguita con gli strumenti dello scrittore (e dell'intellettuale), rispetto agli strumenti della sociologia ortodossa. E lì, sbarazzandosi dell'eleganza di Arbasino («del resto su questo punto – abbigliamento, linguaggio – cerca di avere la consulenza di Arbasino»), diceva fra l'altro Pasolini: «Per quel che riguarda, dunque, il calcio come gioco e come tifo, ne sai abbastanza. Ti resta da fare qualche sondaggio sulle società calcistiche; sondaggio, dico, scandalistico. Per quelli di carattere sociologico, ci penserò io, a meno che tu non ti voglia rassicurare con la consulenza, per definizione rassicurante, di Umberto Eco».

Pasolini morì giovane come «colui che al cielo è caro», destino antico di certi poeti, e non so se ebbe occasione di continuare quel suo discorso sociologico. Ma quella pagina resta, e se qualche giornale la volesse ripubblicare ora ha l'indicazione bibliografica. Questo «sapere» di Pasolini non appartiene dunque alla logica di Wittgenstein, ma a una conoscenza congetturale e creativa, a quel «qualcosa che non è conoscenza intellettuale e che non si può tradurre in essa eppure la precede e la sostiene e senza la quale rimarrebbe fluttuante, per quanto grande sia la sua precisione e chiarezza» (Maria Zambrano, *La Confesión: Género literario*, 1943, ora in traduzione italiana da Bruno Mondadori). Mi sembra che Maria Zambrano espliciti perfettamente l'idea che la «conoscenza» intellettuale e la conoscenza artistica possono essere coniugate in una miscela assai feconda, nella quale un ingrediente ha bisogno di un altro ingrediente e dove ogni ingrediente, da solo, può risultare meno efficace. Se si intende in questo modo la figura dell'intellettuale, allora la sua funzione conoscitiva (seppure di «conoscenza di disturbo») può essere di grande vitalità. E in tal senso, la frase un po' goliardica di Umberto Eco che egli proferì a un congresso parigino (con Jacques Attali) intitolato «Gli intellettuali e le crisi del nostro secolo» e che Eco riporta sull'«Espresso», soddisfatto della sua lapidarietà («Badate che gli intellettuali, per mestiere, le crisi le creano ma non le risolvono»), risulterà certamente inadatta al compito degli intellettuali come in questo mio discorso viene intesa questa figura. Non solo perché trovo fuori luogo che gli intellettuali risolvano le crisi (il che porterebbe a un lungo discorso sull'equivoco fra pensiero e *praxis*, che certe avanguardie storiche, soprattutto Futurismo e Surrealismo hanno fatto, dove si richiede che l'intellettuale che parla eventualmente delle classi disagiate ospiti «per coerenza» i barboni in casa sua) ma perché credo che l'ipotetica funzione dell'intellettuale non sia tanto «creare» delle crisi, ma *mettere in crisi*. Qualcosa o qualcuno che in crisi non sono, anzi sono molto convinti della loro posizione.

Ma, riprendendo il filo forse un po' zigzagante (me ne rendo conto) di queste riflessioni buttate giù a caldo, il «sapere» di Pasolini che procede per collegamenti apparentemente illogici come quello di Joyce o di Broch (e di tanti altri) non è certo cosa del Novecento. È cosa antica, molto antica. Appartiene in qualche modo a un misterioso frammento di Anassimandro che parla dell'ordine ingiusto del tempo («Là, da dove le cose provengono, esse ritornano, pagando l'una all'altra il castigo di essere venute secondo l'ordine ingiusto del tempo»). Appartiene a Parmenide (che anche Eco cita, e che evidentemente non interpreta al mio stesso modo: ma il fatto che sia definito l'Oscuro ce lo consente) che, al contrario di Pitagora (fautore di una Verità intesa come armonica consonanza con le sfere dell'Universo), individua il momento conoscitivo proprio nella *divergenza* e nella *tensione retrograda* («Gli uomini non comprendono in che modo ciò che / diverge non meno converge con se stesso, c'è un rapporto di tensione retrograda / come quello dell'arco e della lira», cito dall'edizione italiana dei *Frammenti*, a cura di M. Marcovich, Firenze, 1978) quell'Eraclito per il quale il *Kosmos*, sinonimo di Ordine e Bellezza, è invece Caos e Bruttezza («Il più bell'ordinamento del mondo / non è altro che un cumulo di rifiuti ammucchiati a caso»). E se qualcuno poteva così intendere il *Kosmos* di allora, figuriamoci come può essere letto il cosmo della fine del Secondo Millennio.

È ovvio che Eco queste cose le conosce meglio di me, e mi sembra di leggere nel suo articolo che sta suscitando queste mie riflessioni una sua certa sincera insofferenza verso coloro che spacciandosi da intellettuali e castigando il «bla-bla» in realtà fanno il «cancan» giusto per, come dice Eco, far bella figura, oltre tutto lucrando nelle rubriche del loro giornale. Tuttavia il discorso presenta dei rischi: è un problema «biforcuto», come diceva il barocco Baltasar Gracián nel suo *Criticón*, che sulle acutezze e biforcazioni scrisse un ponderoso trattato. Insomma, quando Eco dice che l'intellettuale che si occupa dei giovanotti che tirano i sassi dal cavalcavia fa un lavoro inutile «perché la salvezza non viene dall'intellettuale ma dalle pattuglie della polizia o dai legislatori», fa sostanzialmente un discorso pitagorico, dove l'armonia non è più riferita alle sfere dell'universo ma ai legislatori o alle pattuglie di polizia. Certo è sacrosanto, sul piano dell'ordinamento sociale, che intervengano le pattuglie della polizia e che si puniscano i rei. Ma se un marito uccide la moglie sorpresa con l'amante (o viceversa, beninteso), il fatto ha una giustificazione comprensibile: la gelosia e l'onore offeso (che mi pare nel nostro codice penale siano stati addirittura contemplati come attenuanti). È cioè un delitto che possiede un «senso». Ma il delitto gratuito con cui Gide già ci inquietò con Lafcadio nel lontano 1914 (come può essere profetica la letteratura!) è sprovvisto di senso. Possiede una sua logica formale ma è carente di logica sostanziale. E se è vero che una giusta condanna dei giudici è necessaria, è anche vero che essa non spiega nulla. E se qualcuno, ad esempio, si ricordasse la frase del Cristo secondo la quale la prima pietra la può scagliare solo colui che è senza peccato, mi sembra plausibile che questo qualcuno (il poeta, l'artista, ma anche semplicemente un qualcuno che si pone delle domande e che dunque assume la «funzione dell'intellettuale») si chieda perché questi robusti giovanotti cresciuti con i biscotti alle vitamine e dotati di fuoristrada siano privi di quel senso di peccato (o di colpa) che li potrebbe inibire dallo scagliare le pietre. A me, che sono un non credente, ma che ho letto i Vangeli e che ho riflettuto molto sulla frase di Cristo (una frase peraltro che trovo assai «intellettuale»), interessa capire perché costoro hanno perso a tal punto il senso del peccato da poter trasformarsi in angeli del male della più ordinaria quotidianità. Se da scrittore (o se si preferisce da «intellettuale») che interroga se stesso ma anche la società che lo circonda su questa questione, la mia (e l'altrui) funzione interrogativa viene ridotta alla funzione di digitare il numero telefonico dei vigili urbani, è un'attribuzione che svuota ogni capacità di «indagine» (indagine, sia chiaro, che certo ha una funzione diversa dall'indagine degli ispettori di polizia). Insomma: se sono d'accordo con Eco che il compito di un intellettuale non è «suonare il piffero alla rivoluzione», credo non sia neppure quello di fare il 113. Non ti pare, Adriano Sofri? È questo il problema vero che forse l'intellighenzia del nostro Paese non ha mai affrontato seriamente, fatta eccezione per certi casi isolati (e, sia detto, assai odiati). Una cosa che invece mi pare sia stata fatta (e si stia facendo) ad altri livelli in Francia. A mo' di esempio mi permetto di citare alcuni brani di un intellettuale della statura di Maurice Blanchot, che affronta la questione in un piccolo libro recentissimo (1996) che riprende un articolo ormai introvabile uscito su «Le Débat» nel 1984 e che traeva spunto da un intervento di Lyotard («Le Monde», 8 ottobre 1983) dove, con la disinvoltura di chi interroga la realtà soprattutto attraverso i mass media, il noto filosofo-semiologo-sociologo francese aveva decretato la morte dell'intellettuale (alcuni decenni or sono il funerale, mi pare, era stato fatto al romanzo, poi risorto: e qualche maligno osservò che i celebranti lo seppellivano perché non erano capaci di scriverlo).

«Recentemente, Lyotard ha pubblicato delle utili pagine intitolate *Tomba dell'intellettuale*. Ma l'artista e lo scrittore, sempre in cerca della loro tomba, non si illudono di potervisi mai riposare. Tomba? Se la trovassero – come un tempo i crociati, secondo Hegel, partirono per liberare il Cristo nel sepolcro venerabile, benché sapessero bene, dalla loro stessa fede, che esso era vuoto e che essi non avrebbero potuto, in caso di vittoria, che liberare la santità del vuoto – sì, se la trovassero non sarebbero al termine ma all'inizio della loro fatica, avendo preso coscienza che non vi sarebbe stato riposo che nella infinita prosecuzione delle opere.

«A questo proposito, mi domando se attraverso la loro sconfitta e la loro disperazione necessarie, artisti e scrittori non portino aiuto e soccorso a coloro che vengono definiti intellettuali e che forse vengono prematuramente seppelliti» (M. Blanchot, *Les intellectuels en question. Ébauche d'une réflexion*, Paris, 1996, pp. 7-8). In sostanza quello che Blanchot rammenta a Lyotard è che l'atto di conoscenza intellettuale è anche un atto creativo. O meglio, Blanchot si domanda (e la domanda è velatamente retorica perché postula una risposta affermativa) quanto l'artista e lo scrittore, pur con i loro fallimenti e le loro miserie (specificazione importante, perché il fatto artistico prevede uno scacco, ma per Blanchot vale più per la sua intenzionalità che per i suoi risultati), non apporti un suo fondamentale aiuto al «lavoro» dell'intellettuale. Mi pare di capire in sostanza che, fatte le debite riserve, Blanchot esprima un concetto di fiducia nella funzione dell'arte e della letteratura come atti intellettivi, laddove Lyotard, sorprendentemente (o forse *pour cause*) non prende neppure in considerazione lo scrittore e l'artista quali figure di intellettuali, mutilando di fatto una figura della sua migliore parte creativa. Insomma, non ne coglie l'apporto dello slancio vitale e di conseguenza lo sotterra, gli scava la fossa («Un artista, uno scrittore, un filosofo non è responsabile che di questa unica questione: cos'è la pittura, la scrittura, il pensiero?», J.-F. Lyotard, articolo cit.). Tirando le somme si potrebbe dire che la visione di Blanchot (magari di un vago sapore romantico, seppure controllato da un certo «pessimismo della ragione») esprime una posizione vitale; quella di Lyotard, che è sostanzialmente di sapore enciclopedico (anche se un'Enciclopedia «mossa» e capricciosa alla Lyotard, dove i lemmi cambiano di posto) ha una visione tassonomica e funzionale della cultura, ed esprime una posizione *funebre*. Quali considerazioni si possono trarre da queste due diverse posizioni di intendere l'intellettuale? Le seguenti. Che per Blanchot la funzione dell'intellettuale è quella di produrre *novità*, per Lyotard è di tramandare il sapere, di diffonderlo ed eventualmente di gestirlo, mantenendolo tale e quale e riducendolo a norma. Con tutto ciò non voglio certo negare l'importanza dell'*Encyclopédie*, sulla quale si fonda l'epoca illuminista e che fu essenziale strumento di diffusione della cultura filosofica, tecnica e scientifica. Ma, se l'illazione non è esagerata, ne dedurrei che fra il Diderot direttore dell'*Encyclopédie* e il Diderot autore di *Jacques le fataliste* (o magari dei *pamphlets* filosofici che nel 1749 gli costarono il carcere) Blanchot trovi più *novità* in quest'ultimo.

Se non è troppo dire (ma non è vero che il troppo stroppia quando si tratta di parlare chiaro) Lyotard nel suo articolo attribuisce alla figura dell'intellettuale una funzione manageriale, cioè da funzionario della cultura. Il perché è semplice: perché non gli è mai venuto il sospetto che Platone fosse responsabile di non aver inventato il rimedio per la gastrite. Se avesse avuto questo sospetto avrebbe letto poesie. Per esempio un *Addio* di Alexandre O'Neill, dove un poeta vinto dalla vita e dalla sua situazione storica dedica questi versi a una donna che lo lascia: «Non potevi restare su questa sedia / dove passo il giorno burocratico / il giorno-dopo-giorno della miseria / che sale agli occhi e arriva alle mani / ai sorrisi, all'amore mal sillabato / alla stupidità, alla disperazione senza bocca / alla paura sull'attenti / all'allegria sonnambula, alla virgola maniaca / di un modo funzionario di vivere».

Ma il discorso porterebbe troppo lontano, verso una sociologia dell'intellettuale come gestore della cultura in una società come la nostra, e non è questa la mia intenzione, caro Adriano Sofri, lasciamo perdere questo argomento.

Ma poiché a questo punto la definizione di intellettuale diventa così difficile da cogliere e da specificare, mi pare importante cercare di dipanare la matassa con un «ritratto» che Blanchot ne fornisce: «Che ne è degli intellettuali? Chi sono? Chi merita di esserlo? Chi si sente squalificato se gli si dice che lo è? Intellettuale? Non lo è né il poeta né lo scrittore, né il filosofo né lo storico, né il pittore né lo scultore, non lo è il sapiente, anche se insegna. Sembra che non lo si sia sempre, non più di quanto non lo si possa essere interamente. È una parte di noi stessi che non solamente ci distoglie momentaneamente dal nostro compito, ma ci riporta verso ciò che si fa nel mondo per giudicare o apprezzare ciò che vi si fa. Detto in altro modo, l'intellettuale è tanto più vicino all'azione in generale e al potere quanto più egli non si immischia nell'azione e non esercita un potere politico. Ma non se ne disinteressa. Ritraendosi dal politico, non se ne distacca, ma cerca di conservare questo spazio di ritirata e questo sforzo di ritiro per profittare di questa prossimità che lo allontana al fine di installarvisi (installazione precaria), come una sentinella che non è lì che per sorvegliare, per tenersi sveglio, e attendere con un'attenzione attiva in cui si esprime meno la preoccupazione di se stessi che la preoccupazione per gli altri.

«L'intellettuale non sarebbe allora che un semplice cittadino? Sarebbe già molto. Un cittadino che non si accontenta di votare secondo i suoi bisogni e le sue idee ma che, avendo votato, si interessa a ciò che risulta da questo atto unico e, mantenendo la distanza rispetto all'azione necessaria, riflette sul senso di questa azione e volta a volta parla e tace. L'intellettuale non è dunque uno specialista dell'intelligenza: specialista della non specialità? L'intelligenza, questa inclinazione dello spirito atta a far credere che egli ne sappia di più di quanto ne sa, non fa l'intellettuale. L'intellettuale conosce i suoi limiti, accetta di appartenere al regno dello spirito, ma non è credulo, dubita, approva quando è necessario, non acclama. Ecco perché egli non è l'uomo dell'impegno, secondo un'infelice definizione che ha spesso e a buon diritto fatto uscire André Breton fuori di sé. Ma ciò non vuol dire che egli non prenda partito; al contrario, avendo deciso secondo il pensiero che gli sembra più importante, pensiero dei pericoli e pensiero contro i pericoli, egli è l'ostinato, il perseverante, giacché non v'è coraggio più forte del coraggio del pensiero» (M. Blanchot, cit., pp. 12-14).

Continuando nel mio discorso zigzagante, ritorno all'articolo di Eco: «Quando la casa brucia, l'intellettuale può solo cercare di comportarsi da persona normale e di buon senso, come tutti, ma se ritiene di avere una missione specifica si illude, e chi lo invoca è un isterico che ha dimenticato il numero telefonico dei pompieri». Il «vedi alla voce pompieri» è un suggerimento di utilissima praticità che può risolvere immediatamente il problema, e che evidentemente riposa sulla rassicurante fiducia nell'istituto dei pompieri. Ma che ne è di quel «dubbio» che può essere utile a sua volta? E se ad esempio i pompieri fossero in sciopero? E se i pompieri fossero in competizione con un'istituzione analoga ma concorrente che si chiamasse, poniamo, vigili del fuoco? E se i pompieri (ipotesi scherzosamente fantascientifica) fossero quelli di *Fahrenheit 451* di Bradbury-Truffaut (che sono guarda caso due intellettuali)? Comunque, anche dando per efficaci le pompe dei pompieri, resta il problema delle cause dell'incendio. Casuale corto circuito? Sbadataggine dell'inquilino? Cause sconosciute? Certo, ci si affiderà alla competenza degli inquirenti, che si suppongono efficaci e probi. Ma nell'eventualità che il risultato dell'inchiesta lasci ragionevoli dubbi, supponendo che all'origine dell'incendio ci sia, che so?, un ordigno incendiario, che facciamo: archiviamo?

L'articolo di Eco si conclude così: «Cosa deve fare l'intellettuale se il sindaco di Milano si rifiuta di accogliere quattro albanesi? È tempo perso se gli si ricorda alcuni immortali princìpi, perché se colui non li ha introiettati alla sua età non cambierà idea leggendo un appello; l'intellettuale serio a quel punto dovrebbe lavorare per riscrivere i libri scolastici su cui studierà il nipote di quel sindaco, ed è il massimo (e il meglio) che gli si possa chiedere». Non neghiamo che l'intellettuale avveduto ritenga inutile rieducare il sindaco di Milano: magari gli sembrerebbe più opportuno, nel caso che non gli piaccia l'operato di quel sindaco, manifestare la sua opinione per indurre gli elettori a non rieleggerlo più. Tuttavia mi sembra assai ottimistica la pur nobile e roussoiana idea di un intellettuale che alle sue sudate carte affidi il senso della sua vita affinché i nipotini del sindaco di Milano siano da grandi migliori del nonno. Senza contare che quei ragazzini potrebbero anche dargli del filo da torcere, e il povero abate Parini ne sa qualcosa. Il che non esclude ovviamente che un volenteroso intellettuale con vocazioni didattiche possa intraprendere quest'opera buona. *Allez-y.*

Per quanto mi riguarda, io, caro Adriano Sofri, oggi, ora, in quanto intellettuale (o meglio in quanto scrittore, il che è differente, ma sostanzialmente uguale) voglio vivere nel mio oggi e nel mio ora: nell'Attuale. Voglio essere sincronico col mio Tempo, col mio mondo, con la realtà che la Natura (o il Caso, o Qualcosaltro) mi ha concesso di vivere in questo preciso momento del Tempo. L'idea di essere diacronico per i nipotini di tutti i sindaci d'Italia per quando arriveranno all'età della ragione non mi seduce affatto. Insomma: se un qualche Platone o chi per lui ha provocato una gastrite tale che perfino il Diritto soffre di stomaco, e se magari anche tu (il che mi parrebbe legittimo) sentissi un po' di acidità al piloro, che dirti da intellettuale a intellettuale? Che tu prenda ogni mattina un cucchiaino di Magnesia Bisurata per vent'anni e vedrai che ti passa?

Adriano Sofri, ci sono dei muri fatti di mattoni che ci separano, ma il Tempo in cui entrambi viviamo è lo stesso. Io sono qui, oggi, un giorno d'aprile del 1997. E questa per me è la cosa più importante di ogni altra, perché so che è irripetibile. Ed è per questo che ti scrivo questa lettera: perché se il chiavistello dietro il quale fisicamente ti trovi è stato chiuso da qualcuno, sono certo, leggendo ciò che scrivi, che tu non ti rassegni a far chiudere sotto un chiavistello il tuo intelletto, e da intellettuale lo usi affinché il chiavistello ti venga riaperto. E neppure io, che sono fuori, voglio chiudermi nel mio «fuori» con un chiavistello. Il mondo può essere una prigione, e *Il mondo è una prigione* (1948) di Guglielmo Petroni (uno scrittore, un intellettuale) ne è una splendida descrizione romanzesca. Ma è anche uno dei più bei libri sulla Resistenza. È questa la *novità* intellettuale di quel libro. Era una novità allora, può essere una novità anche oggi. Certo lo spazio di movimento è angusto e la stanza un po' all'oscuro. Non è facile far luce, e del resto, come diceva Montale, ci si deve accontentare dell'esile fiammella di un fiammifero. Ma è già qualcosa. L'importante è tentare di accenderlo. Anche un fiammifero Minerva.
Un saluto cordiale,

Antonio Tabucchi

Capitolo II

Conversazione a Lisbona

Ove Bernard Comment si incarica di proseguire il discorso con Antonio Tabucchi

Lisbona, agosto 1997

BERNARD COMMENT *C'è oggi, in Italia, un dibattito sul ruolo dell'intellettuale e dello scrittore nella società?*

ANTONIO TABUCCHI Ho l'impressione che si tratti di una domanda ottimistica. Il ruolo svolto da Vittorini nel dopoguerra di fronte a uno stalinista come Togliatti, o da Pasolini e da Sciascia di fronte a quello che essi chiamavano «il potere del Palazzo», in altre parole la corruzione a livello di Stato, è stato sepolto ai tempi dei magnifici anni Ottanta sotto il rullo compressore del socialismo alla Craxi. Si è imposto allora un modello di vita che perdura ancora oggi, mantenuto dai continuatori di quel pensiero o di quell'epoca. Il «bacillo» costituito dagli intellettuali e dagli scrittori è in letargo.

L'Italia è il Paese in cui regna sovrana la battuta di spirito. Ma una battuta di spirito molto diversa dal «mot d'esprit» alla Voltaire o da quello, sovversivo, esercitato da Karl Kraus, o ancora dal Witz freudiano, rivelatore dell'Inconscio. Niente di tutto questo. È una battuta fondata sulla retorica, che consiste nella spiritosaggine o facezia, e che ha la funzione di svuotare il problema del suo contenuto per spostare l'attenzione sulla sua formulazione, a dimostrazione di un'intelligenza brillante che gira a vuoto. Si tratta di un funambulismo verbale che ricorda la «causerie» della corte di Luigi XIV, quella delle *Preziose ridicole* o delle *Furberie di Scapin*, per quanto attiene alla Francia, o che evoca, per l'Italia, la maschera di Arlecchino, così tipico della nostra cultura e della Commedia dell'Arte e che, non dimentichiamolo, è servitore di due padroni. Esistono naturalmente parecchi livelli stilistici di questa battuta di spirito, che vanno dalla volgarità travestita da snobismo raffinato all'esercizio freddo di un'intelligenza geometrica passando per la barzelletta goliardica. A ispirare tutto questo è comunque la stessa cosa, il cinismo. Recentemente un grande storico della letteratura italiana, Alberto Asor Rosa, ha ridimensionato la figura di Machiavelli, considerato uno dei grandi classici della letteratura italiana, riflettendo sul ruolo che questi ha eventualmente avuto nella formazione di una mentalità caratteristica del nostro spirito nazionale.

Questo scrittore cortigiano, mediocre in tutto fuorché nell'astuzia, ha sempre goduto di enorme simpatia, tanto da diventare un riferimento; e io andrei oltre Asor Rosa vedendovi non tanto il responsabile, ma il paradigma, e quasi il codice genetico, di un certo spirito italiano che attraversa i secoli. Mi chiedo dunque se il cinismo di cui parlo non sia, da un punto di vista antropologico, una forma di sopravvivenza da parte del popolo italiano. Insomma, una sorta di «fenomenologia dello spirito» di un popolo che, nel corso dei secoli, ha dovuto adattarsi ai padroni più diversi, dai Longobardi agli Angioini, dai Borboni agli Austro-Ungarici e a Napoleone, dai Savoia al fascismo e alla Dc.

B.C. *Forse sarebbe bene fare qualche esempio di questi «mot d'esprit» a buon mercato di cui parlavi.*

A.T. Per quanto riguarda l'ambito del salotto letterario, si potrebbe citare tale o tale cronista di un grande quotidiano, eventualmente progressista, che frequenta sia il jet-set sia la nobiltà nera, e che tratta con il medesimo tono spumeggiante il problema dei «sans-papiers» o degli albanesi, quanto quello dei pedofili o delle torture in Somalia, per poi evocare il trash, il punk, Gucci, gli stilisti italiani o ancora le corde vocali della Callas o dell'ultima cantatrice alla moda, foss'anche calva. Purtroppo per noi, tale cronista è convinto di possedere un grande «esprit de finesse».

Un altro esempio potrebbe essere quello del presidente del Parlamento, un'alta carica istituzionale della Repubblica, che ha dichiarato che il 25 aprile (data della liberazione del Paese dopo il fascismo) doveva essere la festa di tutti gli italiani, di coloro che liberarono l'Italia e di coloro di cui l'Italia si era liberata. Ecco un tratto di spirito che mi fa pensare a Lewis Carroll, a meno che non si tratti di una manifestazione umoristicamente freudiana del famoso «pentimento» italiano. Ma vorrei soffermarmi su una delle battute che ha conosciuto uno dei maggiori successi di questi ultimi anni. Una certa sinistra giovanile e magari ingenua, quella che amava le parole d'ordine nei cortei, aveva creato uno slogan contro il potere democristiano, corrotto nella misura che tutti sappiamo. Lo slogan diceva: «Il potere logora». Un giorno, un inossidabile ministro democristiano che gestiva il potere fin dall'immediato dopoguerra, interrogato da un giornalista che gli citava questa frase rispose: «Il potere logora chi non ce l'ha». Grazie a una battuta di spirito esponenziale, cioè grazie a una freddura cinica, quel ministro dichiarava candidamente il proprio cinismo, e allo stesso tempo polverizzava lo slogan dell'avversario. Questa battuta ebbe grande risonanza in Italia e fu citata, a destra come a sinistra, con rispetto, e direi anche con la reverenza che nel mio Paese è riservata agli astuti. Non so come quell'ex-ministro, Andreotti, se la cavi con le battute ora che è sotto giudizio per i suoi presunti legami con la mafia. Può darsi che debba cambiare registro. Ma è un problema suo.

B.C. *Tornando al testo di* Un fiammifero Minerva, *come hanno reagito le persone che hai chiamato direttamente in causa? Umberto Eco, per esempio.*

A.T. All'inizio ha preferito adottare un atteggiamento distaccato e assente, quasi senatoriale. È un atteggiamento ammirevole perché fa parte di uno spirito scientifico molto lontano dalle reazioni di certi suoi compagni del defunto Gruppo 63 alcuni dei quali, malgrado l'età già considerevole, si lasciano a volte andare a deplorevoli reazioni verbali. Umberto Eco ha quindi scritto un articolo difficile da interpretare, sul modello della sciarada, evocando Leopardi, il nostro grande poeta romantico, ma in tono ironico. Per riassumerlo brevemente, diceva che alla posterità poco interessa sapere se Leopardi avesse detestato le ragazze di Recanati, il suo paese natale, e che l'unico personaggio che conta per noi, oggi, è Silvia, la sola signorina che sia rimasta nella sua poesia. Non sono certo che si riferisse a me e a Sofri. Comunque sia, quest'ultimo gli ha risposto con un'ironia glaciale (direi quasi carceraria) facendogli osservare che effettivamente Leopardi detestava le ragazze di Recanati ma che in compenso gli piacevano molto quelle di Pesaro. Che è come dire che effettivamente Flaubert detestava le ragazze di Croisset ma ammirava molto quelle di Rouen. Poi lo stesso Umberto Eco ha fatto un intervento sulla rivista «Micromega» in cui paragona il caso Sofri a quello di Dreyfus, e chiede una revisione del processo, cosa che auspico anch'io. Penso del resto che Umberto Eco potrebbe contribuirvi grazie ai suoi mezzi scientifici, cioè la sua semiologia, che sarà sicuramente molto utile per scoprire nuovi elementi, così come lo storico Carlo Ginzburg ha giudicato il processo con i suoi strumenti, quelli dell'indizio, nel suo implacabile libro-inchiesta *Il giudice e lo storico*. Del resto, sarebbe auspicabile che i grandi semiologi disfacessero l'immagine perfida che comincia a circolare secondo la quale la semiologia sarebbe un po' come la guida indiana che vive nel fortino di visi pallidi e che avanza nella prateria decifrando per la cavalleria yankee le tracce lasciate dal suo popolo.

Ma il miglior contributo al dibattito è venuto dallo stesso Sofri, prima con un articolo comparso su «Panorama» e intitolato *Caro Sofri, qui non c'è Moravia*, una frase sinistra e intimidatoria rivolta a Sofri in un palazzo di giustizia in uno degli innumerevoli processi che ha subito. In questo articolo Sofri, rievocando uno scritto di Moravia in suo favore, ricordava come la forma di conoscenza della letteratura fosse una forma di conoscenza diversa dalla deduzione pragmatica, e come potesse quindi disturbare. A questo proposito, ricordava anche la sentenza di un altro di quei processi, in cui uno dei miei racconti de *L'angelo nero* («Può il batter d'ali di una farfalla a New York procurare un tifone a Pechino?») e *Una storia semplice* di Sciascia avevano, con la loro forza metaforica, turbato il giudice che aveva redatto la sentenza al punto che noi vi eravamo indicati come delle streghe da mandare al rogo.

Ma la smentita alla teoria di Umberto Eco secondo la quale l'intellettuale deve accontentarsi di educare il nipote del sindaco di Milano o chiamare i pompieri quando la casa brucia è venuta soprattutto da una serie di articoli e di dichiarazioni che Sofri ha reso sulla situazione carceraria in Italia. Una situazione che aveva già richiamato la sua attenzione di uomo libero, visto che aveva pubblicato, nella collana che dirige presso le edizioni Sellerio, il rapporto sulle prigioni italiane curato dalla Commissione del Consiglio d'Europa per la prevenzione della tortura e dei trattamenti disumani e degradanti diretta dal giurista Antonio Cassese.

Per chi non lo sapesse, la situazione dei detenuti italiani è fra le più preoccupanti d'Europa. Purtroppo per lui, Sofri ha potuto constatarlo e verificarlo di persona.

Ebbene, il Ministero della Giustizia italiano, che fino a quel momento aveva fatto orecchie da mercante, ha promesso indagini e una riforma delle condizioni carcerarie in seguito alle numerose e insistenti denunce di Sofri. Questo dimostra che se egli si fosse accontentato di chiamare il guardiano perché pulisse la cella, come si chiamano i pompieri quando la casa brucia, l'abitacolo sarebbe stato forse pulito, ma senza nulla cambiare al problema.

B.C. *E al di fuori delle persone direttamente chiamate in causa dal tuo testo, ci sono state altre reazioni?*

A.T. Molto poco. Un trafiletto su «l'Unità», il giornale degli ex-comunisti, firmato dal dottor Gravagnuolo, direttore delle pagine culturali che, con il fischietto in bocca, decretava la fine di quello che definiva un «match» fra Umberto Eco e me, perché considerava questa disputa sugli intellettuali «poco à la page». Bisogna dire incidentalmente che la cultura di questo quotidiano, interpretando forse a modo suo quello che Boris Vian chiamava «la schiuma dei giorni», ha messo da parte il vecchio dibattito sul pensiero del suo fondatore, il filosofo marxista Antonio Gramsci (che molto rifletté sulla funzione dell'intellettuale), per dedicarsi alla dottrina di John Fitzgerald Kennedy. Per converso, leggo che il pensiero di Gramsci è oggi molto studiato in certe università americane. È quel che si chiama lo scambio culturale fra i popoli.

Al di fuori di questo, c'è stata un'indagine (rigorosamente telefonica) da parte di un altro giornale, nella quale veniva chiesto a qualche scrittore e/o intellettuale se si considerasse «impegnato». Termine assolutamente inopportuno, che io non ho mai utilizzato, e che in Italia provoca disgusto immediato, per via della sua associazione con l'idea comunista. Nessuno scrittore e/o intellettuale italiano oggi vuole essere comunista, anche perché quasi tutti lo sono stati in passato. Occorre capire che l'Italia è un Paese molto cattolico; e il senso di colpa è uno dei grandi pilastri del cattolicesimo, così come il pentimento.

E per finire, c'è stata una vignetta piuttosto spiritosa di Tullio Pericoli che, attraverso un tandem di scrittori altrettanto spiritosi come Fruttero e Lucentini, cerca di cogliere lo spirito italiano di cui parlavamo, e chiude così il cerchio di questo bizzarro dibattito. E con ciò, Monsieur Ubu è alla porta.

«Tutti da Fulvia sabato sera» di Pericoli e Pirella del 7-6-1997.

Capitolo III

Finché durano i fiammiferi

Ove si ragiona di equivoci e di fiammiferi strofinati controvento

La trascendenza è in calo, figuriamoci!
L'immanenza non vale una castagna secca.
La via di mezzo è il denaro.
Meglio cercare altrove.

EUGENIO MONTALE

Rientrato a Parigi da Lisbona dove avevamo avuto questa conversazione e rileggendo i suoi appunti, a Bernard Comment parve che il discorso fosse abbastanza incompiuto, e che fermarsi su una vignetta fosse in qualche modo insoddisfacente. Allorché telefonicamente Bernard mi partecipò la sua sensazione, convenni che qualche parola in più non sarebbe stata inopportuna, cosicché gli inviai una sorta di lettera nella lettera che attraverso di lui si rivolgeva a Sofri a mo' di conclusione provvisoria per il libretto francese che Comment stava organizzando.

Agosto 1997

Caro Bernard,

sono d'accordo con la tua obiezione. Ho pensato che per proseguire la mia riflessione sulla situazione dell'intellettuale in Italia potevo adottare come possibile conclusione (anche se provvisoria) una mia nuova lettera ad Adriano Sofri, così come scrivendogli prima avevo aperto questo dibattito. Ti ringrazio peraltro dell'occasione che mi offri di ripetere in Francia ciò che ho già avuto modo di esprimere sulla stampa italiana, cioè che condannando tre persone a una pena di vent'anni senza alcuna prova obiettiva, ma unicamente in base alle dichiarazioni (e sappiamo quanto incerte e contraddittorie) di un cosiddetto «pentito», l'Italia ha dimostrato di applicare in maniera allarmante una forma di Diritto che non trova riscontro in nessun Paese della Comunità Europea di cui fa parte. Del resto che la vostra stampa, con la simpatia che spesso ci riserva, abbia «turisticamente» indicato l'Italia come il miglior Paese per raggiungere la Turchia, la dice lunga sulla prestigiosa immagine che il mio Paese si è conquistato all'estero.

Un saluto amichevole,

Antonio

Caro Adriano Sofri,

tu hai dedicato una delle tue recenti rubriche nel settimanale per il quale scrivi regolarmente alla storia di un certo Fiorentino Conti, detenuto di diritto comune che tu conoscesti in prigione agli inizi degli anni Settanta, quando per via di una manifestazione fosti arrestato in quanto militante politico. Tu racconti che questo detenuto di diritto comune acquisì una sorta di coscienza politica grazie alla presenza tua e dei tuoi compagni; e che dopo diverse peripezie che, al suo rilascio, lo portarono al terrorismo, è recentemente morto per un infarto, da uomo libero, in un mercato di Firenze.

Tu, al contrario, che dal terrorismo ti sei sempre tenuto ben lontano, in questo momento ti trovi in prigione. Tu definisci questa storia come un «gioco del destino», e aggiungi che quando eri adolescente ciò ti pareva possibile solo nei romanzi russi.

Per mio gusto personale preferirei certi barocchi spagnoli e direi che la tua storia avrebbe ben figurato in quelle che Cervantes chiamò *Novelle esemplari*. Solo che, per quanto ti concerne, non si tratta di una novella ma di una storia vissuta. Non posso negare che ciò mi abbia turbato. Per associazione di idee mi è venuto in mente un mio libro di racconti non proprio recente (1985), intitolato *Piccoli equivoci senza importanza*. Quando uscì, d'accordo con il mio compianto amico Franco Occhetto che era a quell'epoca direttore editoriale della Feltrinelli, decidemmo di utilizzare per la copertina un quadro di Cremonini che rappresenta due sedie a sdraio viste di spalle su una spiaggia deserta. In una si vedeva una nuca (forse), mentre all'altra era appesa una camicia. Ci sembrò che questa pittura rappresentasse perfettamente ciò che cercavo confusamente di raccontare nelle mie storie: incontri mancati, destini decifrabili solo per lampi e segnali, assenze e solitudini, tutti quei doppi giochi che la vita tesse per noi.

Per coincidenza, il settimanale sul quale tu scrivi, forse non parendogli sufficienti i precedenti «servizi» che aveva dedicato alla mia persona con l'eleganza che lo caratterizza, in un trafiletto anonimo ha voluto elevare la mia forse un po' incerta poetica del doppio, dell'assenza e dell'equivoco, alla ben più cristallina poetica della diffamazione, con la consapevolezza, è da supporsi, che l'inevitabile querela già da me depositata (che si unisce alle centinaia da esso ricevute), è, come si suol dire, tutto grasso che cola per il suo *bouillon*. Tale settimanale, «Panorama», appartiene come tutti sanno al signor Berlusconi Silvio, persona forse non ignara dei mezzi di comunicazione di massa siano essi antenne eteree o carta stampata (ora è diventato anche l'editore di Gramsci), e come forse anche tu avrai constatato, esso (il settimanale) è aduso condurre campagne le cui modalità ricordano certe strategie d'urto degli anni Settanta; ma parendogli ovviamente poco elegante «gambizzare» le persone che non indossano la divisa consigliata, gli si indirizzano pallottole di immondizia («imbrattarne uno per imbrattarne cento», sarebbe lo slogan attualizzato). Il che è la riprova dell'antica fede italica nelle energiche terapie di convinzione, al di là delle loro diverse ideologie (che oltretutto non interessano più a nessuno essendo, come è noto, crollate). Ogni epoca ha il suo stile e i suoi simboli che scandiscono l'avanzare della civiltà: a suo tempo olio di ricino, indi stelle a cinque punte, e via dicendo. Oggi l'epoca trash esige la *poubelle*. Come ha dimostrato Umberto Eco in un saggio davvero considerevole («Il fascismo eterno» dei suoi *Cinque scritti morali*) le etichette cambiano, ma la sostanza resta. O anche, per dirla con i versi di Drummond de Andrade, «Di tutto resta un poco. / A volte un bottone. A volte un topo».

Tu scrivi regolarmente su questo settimanale grazie all'ospitalità che ti offre il suo attuale direttore, che è un tuo amico di lunga data, fin dall'epoca in cui egli simpatizzava con la cosiddetta sinistra rivoluzionaria. Costui ha scelto un percorso differente dal tuo, è evidente. I destini cambiano, ma l'amicizia resta. Tu in questo momento sei in galera, un «sequestrato di Stato», per usare la tua espressione. Lui invece dirige un settimanale libero. E tutto ciò mi fa pensare alla storia del «gioco del destino» che tu hai pubblicato proprio su questo settimanale. Se tutto questo appartiene all'equivoco, mi sembra che si allontani dal piano esistenziale per assumere dimensioni ontologiche. Direi quasi beffardamente metafisiche. Naturalmente anch'io mi sento fortemente implicato in questo equivoco, non tanto per l'accidentale coinvolgimento di cui ti accennavo, ma soprattutto perché, in quanto scrittore, sono al contempo soggetto e oggetto degli equivoci che attiro, che afferro e che rendo visibili sulla pagina.

Nel libro già lontano nel tempo che ti citavo, nella mia nota di prefazione, che era una forma di giustificazione (gli scrittori provano spesso il bisogno di giustificarsi, come se l'osservazione della vita desse un senso di colpa), facevo riferimento agli scrittori barocchi spagnoli, che *vivevano* gli equivoci e i giochi del destino.

Ma in questo momento il mio pensiero va piuttosto a Carlo Emilio Gadda, che dagli equivoci si sentiva «vissuto» e che, a un giornalista che gli domandava se poteva essere considerato uno scrittore barocco, rispose: «Gadda non è barocco; è la vita che è barocca». Tutto sommato la lettera che ti scrivo è, a suo modo, emblematica di ciò che significa essere oggi un intellettuale in Italia, così come mi viene chiesto dagli amici francesi. Il panorama «culturale» che fornisco ai lettori transalpini probabilmente non è molto allegro. Forse mi si accuserà di pessimismo, ma non vedo perché dovrei rassicurarli con una visione incoraggiante. Che si contentino per questo dei prodotti che «tirano», come l'*italian food* o l'*italian style*. I miei discorsi non «tirano» davvero.

Proviamo comunque a sforzarci di seguire la nostra strada con passi calmi. Ma senza rinunciare all'ostinazione di strofinare il nostro piccolo fiammifero per fare un po' di luce anche se tira vento. Finché durano i fiammiferi.

Antonio Tabucchi

Due lettere dal carcere
di Adriano Sofri

Ove l'interpellato rispose, venendo doverosamente verbalizzato agli atti della presente *Gastrite*

Prima lettera. Ottobre 1997

Caro Antonio Tabucchi,

io stesso non risposi se non provvisoriamente – una pagina di ricevuta – alla lettera aperta che avevi voluto intestarmi, e che trattava dell'intelligenza degli scrittori e dei suoi usi. Diffido un po', personalmente, della questione generale. Sono bensì sorpreso dell'engagement alla rovescia, per così dire, di alcuni intellettuali nostri coevi, che impegnano strenuamente la propria firma per prendersela coi poveri, i deboli, i malvisti. Fra tutti i tipi correnti, gli intellettuali maramaldi e le loro ronde verbali, sono quelli di cui si farebbe più volentieri a meno. Ho apprezzato molto la circostanza della confessione del sergente portoghese Aleixo Santos, che sparò e poi decapitò un giovane: confessione che chiude il cerchio che dalla cronaca era andato al tuo ultimo romanzo, *La testa perduta di Damasceno Monteiro*. È stato lo stesso sergente di polizia a suggellare incomparabilmente il cerchio chiuso, con la frase messa a verbale: «Quando l'ho visto morto… ho perso la testa». Teste scambiate. Il Portogallo ha processato l'affare a porte semichiuse, tu spieghi, in attesa di entrare in Europa. La fortunosa circostanza mi spinge a una specie di risposta che riguarda l'intelligenza pubblica in Italia, e il suo rapporto con il passato e l'eventuale futuro del nostro paese. Avrai pazienza se farò riferimento alla mia peculiare condizione ambientale e morale.

Io oscillo continuamente tra una sensazione di disgusto e insignificanza della mia vicenda giudiziaria, e un'aspirazione a cavarne qualcosa di più consistente. Mettiti nei nostri panni: un copione grossolano ci costringe a gesti, che mettono in causa forse la nostra vita stessa, che non sceglieremmo mai di compiere se non fossimo privati di ogni libertà. È comprensibile un desiderio di nobilitare un po' la cosa. È come se uno, al quale venga intimato con le brutte di consegnare tutto quello che ha nelle tasche, cerchi di buttare per terra di nascosto qualche spicciolo, caso mai passi di lì qualche onesto bisognoso. Per esempio, abbiamo pensato a lungo di dedicare il nostro digiuno – che non sarà dimostrativo, o a termine, ma oltranzista, crediamo – a una causa degna. Mettiamo che siate uno messo al muro, e potete gridare una frase finale, se non per la storia, per la cronaca nera del giorno dopo: non so, «Viva l'Italia», o «Vergogna». Non riesco ad affezionarmi all'idea di riservare la mia ultima frase a qualche sleale magistrato di Milano, né a una storia invecchiata con noi, di cui tutte le care bandiere sono state da tempo ammainate. Possiamo star zitti, certo: ma non è chiederci troppo? Così, dicevo, avevamo carezzato a lungo un gran desiderio di devolvere il nostro gesto di imbelli prigionieri alla vita e alla libertà in Algeria. Ne siamo stati dissuasi: «Sarebbe un equivoco increscioso». A noi sembrava di poterci permettere il rischio di un equivoco, visto che non possiamo permetterci altro. Ora, finalmente, dell'Algeria si parla un po' di più. Prima o poi si farà addirittura qualcosa: forse prima che tutti i bambini siano stati squartati.

Così, restando in questo stato d'animo un po' ridicolo, un po' ispirato, ho letto le battute scambiate dal papa coi giornalisti in volo verso il Brasile: sul fatto che è solo la chiesa cattolica a chiedere perdono. Ci sono rimasto male, perché mi sembrava che quell'osservazione sminuisse il valore della scelta dei «perdoni» chiesti in nome della chiesa, ultimo quello della chiesa francese per le complicità o le omissioni di fronte al genocidio degli ebrei. Poi mi sono chiesto come altre istituzioni del nostro tempo, comprese quelle che non rivendicano un fondamento divino, hanno trattato la questione del perdono. Naturalmente, c'è l'«autocritica» dei partiti e dei regimi comunisti, che è una tragica contraffazione della sincera dichiarazione di responsabilità e colpe, e delle loro radici. Una contraffazione che insinua la sua coda avvelenata negli stessi atti d'accusa pronunciati a regimi caduti, tanto pieni di retorica quanto di autoassoluzioni e rimozioni. Nel Sudafrica di Mandela è al lavoro da due anni una Commissione per la verità e la riconciliazione, presieduta dall'arcivescovo Desmond Tutu, che aspira dichiaratamente a una via alternativa fra «Norimberga e la cancellazione della memoria». Essa ha raccolto 5.500 domande di amnistia accompagnate dall'ammissione delle proprie responsabilità da parte di autorità e funzionari del vecchio regime, compresi alcuni che hanno posti di rilievo nel nuovo governo. È probabilmente l'esperienza più importante dell'aspirazione di una comunità ad affrontare in solido il proprio passato, mettendo dolorosamente insieme la giustizia e la conciliazione. (Si dovrebbe confrontare un tentativo come questo, che si compie sulla scala di una grande nazione, con le misconosciute esperienze di conciliazione condotte nei nostri paesi in alternativa alla giustizia penale).

Nell'Italia uscita dal fascismo non successe, ed è questo a rendere così insoddisfacente e artificioso il conciliazionismo attuale, frutto piuttosto del tempo che è passato – più di mezzo secolo – e delle opportunità del presente, che non del senso tragico di una comunità spaccata e ferita, attraversata dalla violenza, dall'ingiustizia e dal fanatismo. Si paragoni – non per giudicare, piuttosto per cercare di capire – l'Italia dell'amnistia di Togliatti e dei suoi modi di applicazione con il tentativo sudafricano. Forse, lo stesso pregio italiano di un antifascismo e di una resistenza significativi, ha fatto sì che il confronto con il passato sia stato più parziale e reticente che non in Germania. Probabilmente, alla fine dei conti fra gli Stati europei la Germania è stata ed è ancora la più capace di interrogarsi sul proprio passato. La stessa difficoltà di parlare in nome di un'altra Germania – a differenza di quello che avveniva nell'Italia antifascista, o nella Francia di De Gaulle, in cui il conto di Vichy e dell'Algeria si ripresenta con gli interessi ai nostri giorni – ha costretto o indotto uomini di Stato tedeschi a parole e gesti di richiesta di perdono espliciti, e a volte forti e coinvolgenti, come fu quello di Brandt in Polonia.

Il punto che mi preme riguarda lo Stato italiano degli anni in cui si è svolta la nostra vita adulta. Molto sommariamente: lo Stato di cui è provata una lunga e vasta corresponsabilità in programmi eversivi, e nel ricorso a mezzi illegali e delittuosi per interessi di parti politiche e di apparati separati; lo Stato che si è adattato a una simbiosi – un quieto vivere – con la mafia e la grande criminalità, autorizzandole a una specie di extraterritorialità e di secondo Stato; lo Stato che ha largamente confiscato la cosa pubblica trattandola come un patrimonio privato ed esente, e che ha fatto della corruzione un'abitudine capillare e inavvertita.

La domanda è: questo Stato doveva e deve chiedere perdono per ciò? Gli Stati non sono – non devono essere – istituzioni etiche, a differenza delle chiese. Il loro modo di chiedere perdono dev'essere meno solenne e consacrato, e anche un po' più tempestivo di quello della chiesa, che può concedersi secoli di riflessioni sui roghi degli hussiti e le stragi di ugonotti: lo Stato deve rendere conto ai suoi cittadini viventi, non alle generazioni eredi. La disgrazia civile dell'Italia si misura su questo punto. Non si può pensare che la richiesta di perdono nelle comunità laiche sia fuori luogo, e magari sostituita dalle inchieste e dalle sentenze giudiziarie. (Del resto, questa sorta di disabitudine e di afasia sembra somatizzata nella nostra società e nei suoi dirigenti. È avvenuto nei confronti di paesi ex-colonizzati o invasi. E ancora poco fa nell'orribile, e così rimossa, tragedia dell'affondamento della nave di fuggiaschi albanesi, si è vista questa incapacità di chiedere francamente e semplicemente perdono). Mi sembra che la classe dirigente italiana non abbia saputo immaginare questo problema cruciale. Che mi venga in mente, ci sono due soli tentativi politici in questa direzione, ambedue inficiati dalla propria singolarità e compromissione: l'appello di Cossiga alla Grande Confessione, e il discorso parlamentare di Craxi sul finanziamento dei partiti, pronunciato a tempi scaduti. (La cultura e le imprese dei radicali avrebbero dato loro titolo: ma venuto il momento, in un modo che resta per me inspiegabile, Pannella scelse una solidarietà con la vecchia classe politica donchisciottesca quanto dissipatrice. Quanto ai verdi, l'idea della conversione ecologica rinviava necessariamente a quella di una tregua e di un cambiamento di vita, come sentiva bene Alexander Langer: ma è difficile che la politica praticata riesca a conservare la vista da lontano). Se una seconda Repubblica non è venuta, e anzi è diventata via via più improbabile, e addirittura meno probabile di una qualche Repubblica del Nord, lo si deve a questo. La stessa separazione psicologica e morale di tante persone del Nord sarebbe stata contrastata, finché ce n'era il tempo, più da un discorso di verità che dall'offerta intermittente di canzonette federaliste. C'è una parte della classe dirigente incapace di chiedere perdono, e un'altra parte persuasa di potersi riservare il ruolo dell'accusa e di essere esonerata dal problema. Questa vistosa incapacità è messa in risalto dalla moltiplicazione epidemica del pentitismo giudiziario, mutato per un verso in una categoria morale, per l'altro in una categoria sindacale. Il brulicare del nome e delle pratiche di pentiti è una misura dell'assenza di pentimento, come la moneta cattiva scaccia la buona. Quanto alla corruzione, l'esordio scandaloso e mozzafiato di Tangentopoli avrebbe potuto chiamare un'intera classe dirigente, e non solo la tradizionale gerontocrazia, ma la stessa generazione del '68, nelle professioni, nell'informazione, nella politica, a una rottura dell'abitudine e a un'interrogazione su sé, e, forse, a una conversione di modi privati e pubblici dell'esistenza. Non parlo di resurrezioni, di palingenesi: di cose più piccole e concrete. Non ci fu niente di ciò, e anzi un fuggi-fuggi universale, e la manifestazione di una tempra pavida, il panico per il carcere e il buon nome, la prontezza all'accusa contro il vicino: che restano ai miei occhi più gravi delle stesse corruzioni stanate dalle inchieste. Per questo anche gli sforzi più ragionevoli e seri nell'Italia pubblica sono deboli, e uno spirito di condivisione è così smarrito: a meno di contentarsi di tricolori risollevati per reazione alle trivialità di Bossi.

È impressionante che l'esponente del regime democristiano più consapevole della sua legalità dimezzata, Aldo Moro, abbia consegnato la sua ultima immagine pubblica all'arringa parlamentare sulla Dc che non si sarebbe lasciata processare. La tragedia di cui Moro fu poi vittima avrebbe dovuto essere lei l'occasione estrema per il mea culpa di una classe politica intontita, un po' orfana un po' parricida, che non vi accennò neanche. L'avevano dichiarato falso da sequestrato, lo seppellirono in fretta, pieni di paura. Ci provò Cossiga, appunto, ma tardi, e per fatto personale: il fatto personale può essere anche un buon movente, ma non riuscì ad andare oltre. Così quella classe dirigente, spaventata dalla maledizione di Moro, ne fu a sua volta seppellita: neanche tanto tempo dopo. Gli altrui sdoganamenti, a sinistra o a destra, sono avvenuti a buon mercato, salvo l'infinita recriminazione a domicilio coatto.

Non ho sentito chiedere perdono per le bombe del 25 aprile 1969 e per la fabbricazione della pista anarchica, per la strage del 12 dicembre e per la defenestrazione di Pino Pinelli, e così via, lungo l'indice dei fascicoli delle commissioni stragi, che da noi non si intitolano alla verità né alla riconciliazione. Non c'è nessuno in galera, per quelle faccende. Ci sono io, innocente. In cambio io, e altri con me, prima che a qualcuno venisse in mente di farmi passare per mandante di omicidio, avevo a mio modo chiesto perdono: pensato e parlato dei nostri sbagli e delle nostre responsabilità, e cambiato vita. Cambiato vita. Di alcune cose passate ero contento, di altre pentito. Ecco sommariamente riassunto il carnevale di cui partecipo, a testa in giù. Di più: vorrei che non si dimenticasse che la violazione della legge da chi è investito di un'autorità pubblica è incomparabilmente più grave di quella commessa da privati. È qui lo scandalo di tante discussioni come quella sull'indulto. I delitti commessi per fanatismo politico non sono per ciò giustificati. Ma quelli commessi in nome della Legge, e dalle stanze dello Stato, sono ben più gravi. Al contrario, i responsabili della illegalità di Stato, e quelli che, avendone autorità, li hanno lasciati fare, si sono serviti delle colpe dei «terroristi» per giustificare e cancellare le proprie; hanno rincarato la severità delle leggi o imposto la propria impunità; e a distanza di tanti anni rinfacciano a pochi prigionieri senza alcuna forza e spesso davvero pentiti, di non aver abbastanza chiesto perdono.

Questa Italia, che non sa immaginare di chiedere perdono, ma sa esigerlo all'infinito e ritualmente dai battuti e dai deboli, ama rincarare il proprio rigore: vissuta sull'autoindulgenza plenaria e sui condoni contabili di ogni genere, si vanta nemica strenua di ogni indulto o amnistia o condono. Ha chiesto perdono qualcuno, a nome di una magistratura che viene dichiarata in tanti suoi organi di ogni rango corrotta e corrompibile e complice, alle generazioni di condannati passati per le mani di quei giudici? Condannati poveri, senza difesa, ignoti, abbandonati? Ogni processo giudicato in Italia, ogni processo da giudicare, solleva ormai una legittima suspicione. Non è così? E se è così, quale impudenza spinge tante autorità a schernire e detestare l'idea stessa delle amnistie?

Così, dal mio odioso e anacronistico processo, sono rinviato ad altri argomenti. Dev'esserci, in una comunità che voglia restare tale, o ripararsi, la capacità di una pausa, di una fermata, una tregua, non so – e di un riconoscimento. La questione che il papa chiama del perdono (nella Assisi di Francesco si chiamava «fare le paci») è legata a tutto ciò che mi sembra importante nel posto dove sono: dal carcere alla giustizia, dai separatismi alla bruttezza dei linguaggi e dei gesti, e anche al rapporto fra la nostra parte di mondo e il resto. Spero che tutto ciò non ti sia sembrato privo di rapporti con le questioni che la tua lettera sollevava. Arrivederci.

Adriano Sofri

(«L'Espresso», 16-10-1997)

Seconda lettera. Caro Tabucchi ti racconto una storia

Caro Antonio Tabucchi,

ti racconto io una storia. È la storia modesta e malinconica, ma anche un po' scandalosa, di un uomo di 35 anni che ora è qui in galera, e di casa sta a Vecchiano, il tuo paese.

Si chiama G.A., è nato in Belgio, nel Limburgo, dove suo padre era emigrato per lavorare in miniera. Ora suo padre vive a Vecchiano, con una pensione d'invalidità totale, perché prese la TBC e la silicosi, e adesso soffre anche di sclerosi multipla. Anche sua madre è italiana, lavorò in Belgio da operaia e da domestica, ora è restata lì, da sola, invalida anche lei. Litigavano, e alla fine divorziarono. La gente chiamava la polizia, il bambino fu messo in collegio. Ci rimase dai 7 ai 17 anni, passando da un collegio all'altro, e scappando ogni tanto per andare in cerca dei suoi. Suo padre abitava in una baracca. A 17 anni G. fu chiuso in una casa di correzione.

Il ragazzo non aveva voglia di scuola, parlava e scriveva in fiammingo e in italiano, e poi ha imparato a masticare altre lingue. Ha lavorato qua e là, quasi sempre al nero: in Belgio, in Olanda, in Germania. Lavori «di pala e picco», per lo più. Manovale alla posa dei cavi elettrici, nell'edilizia, in officine meccaniche. Lavorò regolarmente, per cinque anni, alla Volvo in Olanda. «La catena era molto veloce, ti mettevano a fianco di uno esperto, che ci lavorava da dieci anni, e dovevi tenere il passo, se no eri fuori. Allora cominciai a prendere anfetamine e altri stimolanti. Droga no, mai. Prima, coi miei amici, avevamo solo fumato». Ogni tanto tornava in Italia, da suo padre. Una decina di anni fa aveva comprato in Belgio un'auto, una Nissan 1200, che era rubata. Lo processano per ricettazione, in Italia, e lo condannano con la condizionale. Quando trova lavoro, sta in giro per l'Europa. Quando resta senza, viene da suo padre. «Ti vuole bene tuo padre?». «A modo suo sì». «Tu gli vuoi bene?». «Gli voglio troppo bene». Suo padre ha comprato un terreno di poco più di un ettaro a Massaciuccoli, fra Lucca e il Lago. G. ci passa sempre più tempo. «Mi volevo quasi ammazzare, poi sono riuscito a smettere con le pasticche e col fumo andando là a pulire il bosco, ero sempre in moto, mi sentivo bene. Era un terreno incolto, una volta c'erano i pini, ma in pochi anni c'erano stati tre incendi, e nessun albero era sopravvissuto. Volevo piantarci degli alberi da frutto, qualcuno l'avevo già piantato. Meli, fichi, albicocchi. Mi ero costruito una capanna di legno e di teli, a volte restavo a dormire là, un po' per non fare avanti e indietro, un po' perché mi piaceva. Nella capanna avevo un fornellino, andavo giù a prendere un bidone d'acqua – perché acqua non ce n'è – e mi arrangiavo così. C'è solo un viottolo, volevamo fare una stradina, avevamo parlato con la Forestale. Quelli della Forestale venivano, mi vedevano lavorare, mi conoscevano».

Il guaio succede il 12 aprile 1996. Non è un gran guaio. «Ti ho detto che alberi non ce n'erano più. Qualche robinia giovane, qualche albatrella (che sono i corbezzoli), marule (che non so cosa sia, forse il ginestrone) e soprattutto pruni, che infestano tutto. Io facevo questo: ripulivo la macchia, raccoglievo sterpi e rovi, li bruciavo, e continuavo oltre. L'avevo fatto tante volte, un pezzo al giorno. Quel giorno il vento girò, e si incendiò il sottobosco. Vidi che non ce la facevo a spegnerlo, anche se non era estate, e corsi giù al bar di Balbano, dov'è il telefono più vicino. Chiamai i pompieri a Lucca, dissi chi ero e che c'era un incendio da spegnere. Mi misi d'accordo e li aspettai per strada, perché non avrebbero potuto trovare il posto da soli. Vennero con una cisterna e una jeep a 4 ruote motrici: la cisterna non ce la faceva a salire, andammo su solo con la jeep. Spegnemmo l'incendio, loro e io insieme, in tre o quattro ore. Aveva superato il confine del nostro terreno, ma non di molto». Insomma, alla fine gli uomini della Forestale dicono che lo conoscono, che è un bravo ragazzo che lavora sodo, ma il capo dei pompieri dice che lui è tenuto a fare la denuncia, oltretutto risulta la telefonata che G. ha fatto per chiamarli, con tanto di nome e cognome. Fanno il loro verbale. Dopo un paio di mesi lo convocano a Lucca, alla sede della Forestale. Lo ascoltano, c'è qualcuno del tribunale, e anche un avvocato d'ufficio. Lui non ha soldi. Suo padre gli dice: «Figurati se per una sciocchezza del genere vale la pena di pagare un avvocato».

Passano altri sette mesi, e viene convocato a Lucca, in tribunale, per il processo. L'avvocato d'ufficio non si presenta nemmeno. Ne viene nominato un altro, un'avvocata di passaggio, che gli consiglia di prendersene uno di fiducia. Ma lui è senza soldi. Si apre il processo. Sono convocati i proprietari dei terreni confinanti, ma nessuno si presenta, nessuno ha dichiarato danni o fatto denunce. Il giudice chiede a G. se vuole patteggiare. Lui chiede che cosa cambia. Col patteggiamento le diamo un terzo della pena, se no può essere assolto o condannato, e poi fare appello eccetera. Lui pensa: se mi metto in una cosa che va per le lunghe, magari mi capita un'occasione di lavoro e devo rinunciarci. Così chiede di chiudere la cosa. Non ha ancora capito. Il giudice chiude la cosa dandogli cinque mesi e venti giorni per incendio colposo. Bene. Cinque mesi e venti giorni, nell'Italia degli incendi dolosi, devastanti e impuniti.

A casa, G. e suo padre si guardano desolati e prendono un avvocato di fiducia. Gli danno un milione, poi un altro milione. In galera non andrai mai, garantisce.

Gli danno una sospensione della pena in attesa di un affidamento in prova che sostituisca la reclusione in carcere. Passano otto mesi, e – ottobre 1997 – il tribunale di sorveglianza di Firenze esamina la pratica. Lui è tornato a lavorare in Olanda, l'avvocato non si presenta. L'istanza è respinta. Ho davanti un foglio, che recita: «Trattandosi di pena non superiore a sei mesi e non apparendo sussistere il pericolo di fuga... ingiunge al condannato di costituirsi in carcere». Il condannato si è costituito. Suo padre è a Vecchiano. Gli alberi da frutto chissà se se la caveranno.

Adriano Sofri

(«Panorama», 29-1-1998)

Epilogo provvisorio

Ove si decide di sospendere la trattazione di uno degli argomenti di questo libro affidandone l'eventuale continuazione a un linguaggio diverso e ove soprattutto si auspica la sollecita revisione del processo Sofri, Bompressi, Pietrostefani

Il n'y a pas de solution, parce
qu'il n'y a pas de problème.

MARCEL DUCHAMP

«Un'utopia che si nutre di violenza».
Titolo del «Corriere della Sera», 17-12-1969 a proposito dei «mostri» Pinelli e Valpreda

«L'incriminazione del ballerino terrorista».
Giorgio Zicari, «Corriere della Sera», 17-12-1969 a proposito dell'arresto di Valpreda

Esiste certo chi ne sa più di noi
ma non parla; se aprisse bocca sapremmo
che tutte le battaglie sono eguali
per chi ha occhi chiusi e ovatta negli orecchi.

EUGENIO MONTALE

Parigi, 18 febbraio 1998

Caro Bernard,

Al nostro piccolo libro francese avevamo fatto in tempo ad aggiungere una lettera aperta che Sofri mi aveva indirizzato in ottobre, come risposta alla mia dell'aprile, con la quale questo libro cominciava. Cinque mesi di tempo fra l'una e l'altra mi fanno ritenere che Sofri abbia avuto da pensare a ben altre cose, e seppure concluda dicendo «spero che tutto ciò non ti sia sembrato privo di rapporti con le questioni che la tua lettera sollevava», ho la vaga impressione che alle questioni che la mia lettera sollevava in realtà risponda allargando il diaframma dell'obiettivo, sì che la mia questione si perde un po' nella panoramica. Mi rendo conto peraltro che il mio era un problema di natura teorica, magari un po' sfizioso, o per lo meno «di lusso», per così dire, mentre i problemi del mio interlocutore sono di natura terribilmente pratica e non si possono dare a grandi lussi. Ma come risposta da parte sua è forse più efficace, al posto di tanti ragionamenti astratti, la storia esemplare che mi invia dalla prigione, a dimostrazione che quando la casa va a fuoco chiamare i pompieri è un doveroso gesto civico, ma i risultati soddisfacenti non sono assicurati. Ed è per questo che qui l'ho riportata.

Tuttavia preferisco che l'edizione italiana di questo libro la concludiamo noi, dato che l'edizione originale è nata per tua iniziativa. Ed è per questo che vi aggiungo la presente lettera (ormai la cifra del volumetto è quella epistolare) non tanto a mo' di conclusione del problema (è bene che il discorso resti aperto) quanto per siglare graficamente il volumetto, come si faceva una volta. Cioè: fine del libro.

E non mi pare fuori luogo incrostare in questa lettera due brani di lettere (qui l'epistolarità del tutto sale di esponente) che estraggo dal «Corriere della Sera» del febbraio ultimo scorso. Nella prima, Adriano Sofri, raccogliendo l'invito di Indro Montanelli di rivolgersi alla signora Gemma Capra, vedova del commissario Calabresi, e di riconoscere che la campagna di stampa condotta contro il commissario da Lotta Continua era stata un'infamia, così scrive: «Cara signora Gemma, avrà letto lei stessa l'invito che Indro Montanelli mi ha rivolto, e che raccolgo [...]. Montanelli mi chiede, testualmente, di dirle che la campagna di denigrazione e di istigazione contro suo marito, e padre dei suoi figli fu un'infamia. Glielo dico».

Nella seconda, la signora Capra così risponde, dirigendosi tuttavia a Montanelli: «Caro Montanelli, mentre la ringrazio per l'affettuosa attenzione con cui ha sempre voluto tenere viva una corretta memoria di mio marito, prendo atto della lettera nella quale il signor Adriano Sofri definisce come infamia la campagna di stampa che precedette, *determinò* e seguì l'assassinio di Luigi Calabresi». La sottolineatura è mia, poiché il verbo *determinare* costituisce un nesso causale stabilito dalla persona che scrive la lettera e che è per di più confortata, nel farvi ricorso, dal ritrovarlo ampiamente utilizzato nelle carte processuali (utilizzo sul quale, è ozioso ripeterlo, non siamo d'accordo, per cui si rimanda al citato libro di Ginzburg). Ma vale la pena di ricordare che la «infamia» della quale Sofri si riconosce responsabile, fu condivisa all'epoca (l'epoca delle «stragi di Stato») non da una ristretta minoranza ma da un enorme movimento di massa e da una diffusa opinione pubblica che reclamava chiarezza democratica su terribili e oscuri episodi e che venne continuamente sconvolta, per tutta risposta, da ricorsi a mezzi quali violenze pubbliche e private, morti più o meno accidentali, bombe nelle piazze e sui treni. Tutti eventi, come è noto, mai chiariti fino ad oggi, né da chi avrebbe dovuto avere il compito istituzionale di chiarirli, né da un qualche tardivo «pentimento».

Arrivati a questo punto, caro Bernard, seguendo la definizione della funzione dell'intellettuale come «funzione sporadica» fornita da Maurice Blanchot e dalla quale è partito tutto il mio ragionamento (dite la vostra che ho detto la mia), dopo aver fatto la nostra sortita da quello che è il nostro campo di scrittura, mi pare sia il caso che al travaglio usato ciascuno in suo pensier faccia ritorno. Anche perché mi pare che, vista la situazione, attribuire un senso alla vicenda di cui sopra (cioè una lettura «conoscitiva», quella forma di conoscenza «congetturale e creativa» che non appartiene alla logica di Wittgenstein, la quale ultima consente, come sappiamo, di parlare solo di ciò che si conosce), sarebbe forse necessario un altro linguaggio: il linguaggio della letteratura, ovvero la finzione che interpreta la realtà e le dà un senso, come all'inizio di questo libro avevo cercato di dire. Per quanto riguarda invece il linguaggio che di questo libro è proprio, credo che ci si debba limitare a considerazioni puramente tecniche (e tutto, come vedi, ci invita a farlo), «destoricizzando», se così posso dire, una vicenda che avviene in Italia *ora* anche se si riferisce all'Italia *di allora*, e assumendola come *fatto in sé*, e non come qualcosa che appartenne a un determinato contesto storico, politico, sociale e culturale – limitandoci insomma a considerare non soddisfacente la sua conclusione (come per altro Carlo Ginzburg ha dimostrato incontestabilmente con gli strumenti che gli sono propri), e a ribadire che la condanna di Sofri, Bompressi e Pietrostefani, basata unicamente sulle dichiarazioni di un «pentito» e priva di riscontri obiettivi, o è un errore giudiziario o una devianza giuridica.

Per ciò che riguarda dunque la «conoscenza» che Pasolini espresse con il suo *Io so*, e che consisteva, è bene ricordarlo qui, «nell'essere uno scrittore che cerca di conoscere tutto ciò che scrive, di immaginare tutto ciò che non si sa o che si tace, che coordina fatti anche lontani, che mette insieme i pezzi disorganizzati e frammentari di un intero e coerente quadro politico, che ristabilisce la logica là dove sembravano regnare l'arbitrarietà, la follia e il mistero» – per fare ciò sarebbe necessario scrivere una storia. E può darsi, chissà, che uno scrittore un giorno abbia voglia di scriverla. Una vicenda come questa offre una vasta gamma narrativa, e l'ipotetico scrittore potrebbe spaziare, che so, dalla fantascienza fino al minimalismo, passando, ove gli paresse, per la Storia. Prova a immaginare, ad esempio, il detective di un lontano futuro che ricostruisce una vicenda partendo dallo studio di un misterioso morbo di cui si sono perse le tracce e la cui denominazione, rimasta in polverosi archivi, era «malore attivo»: un microbo inghiottito dal tempo, come quello che uccise il faraone Tutankamen, di cui certi scienziati studiano la mummia. Oppure potrebbe farne una sorta di «giallo» che cela tuttavia un dramma vissuto nel silenzio: una storia con due personaggi. Si sarebbe perfino tentati di immaginarla meglio, tale storia, senza voler nulla togliere all'immaginazione di chi potrebbe scriverla. Il primo personaggio è una donna, la vedova di un ferroviere che fu fermato, trattenuto e interrogato illegalmente, in un commissariato di polizia, perché sospettato senza motivi di un'azione infame di cui era assolutamente innocente. E che, inspiegabilmente, precipitò dalla finestra. La donna sta aspettando da trent'anni una lettera che le rechi la spiegazione della morte di suo marito, che nessuno ha mai saputo o voluto spiegare. Ma la storia non si soffermerebbe troppo sulla figura della donna: per pudore. Punterebbe piuttosto la sua forza narrativa intorno alla lettera che essa attende. Perché, dopo tanto tempo, c'è qualcuno che finalmente gliela sta scrivendo.

Ma: cosa dice quella lettera? E soprattutto: *chi* la sta scrivendo?

Nota editoriale

Il caso di Adriano Sofri, di Giorgio Pietrostefani e di Ovidio Bompressi – condannati per l'omicidio del commissario Luigi Calabresi – non cessa di suscitare reazioni e proteste. Un ricorso contro la condanna è stato presentato presso la Corte europea di giustizia; anche il senatore a vita Norberto Bobbio si è aggiunto alla vasta schiera di autorevoli osservatori che hanno criticato la condanna dei tre. Oltre centosessantamila firme di cittadini che chiedevano un suo intervento sono state presentate al Presidente della Repubblica Oscar Luigi Scalfaro, che ha tuttavia rimandato al parlamento l'intera questione. I tre detenuti, che da subito hanno rifiutato di chiedere la grazia presidenziale, si battono per ottenere la revisione del processo. Bompressi fu un militante di Lotta Continua, il più noto movimento di estrema sinistra degli anni Settanta, di cui Pietrostefani era un dirigente e Sofri il leader indiscusso. Quel movimento fu sciolto nel 1976.

12 dicembre 1969

Sedici persone rimangono uccise nell'esplosione di una bomba all'interno della filiale di Piazza Fontana della Banca dell'Agricoltura. Le indagini si indirizzano verso i gruppi anarchici, pista riconosciuta falsa solo diversi anni dopo.

15 dicembre 1969

Mentre dall'estrema sinistra si accusano i fascisti e lo Stato della strage, il ferroviere anarchico Giuseppe Pinelli, fermato e interrogato illegalmente all'interno della questura di Milano, muore precipitando dalla finestra, al quarto piano, dell'ufficio del commissario Luigi Calabresi. Secondo le autorità, che forniscono versioni successivamente dimostrate false e contraddittorie, si sarebbe suicidato, schiacciato dalla colpevolezza. Il giornale «Lotta Continua» guida la campagna che sostiene sia stato ucciso e ne accusa il commissario Calabresi.

Ottobre 1970

Si apre il processo per diffamazione intentato da Calabresi contro «Lotta Continua», a cui si sovrappone un anno dopo il procedimento intentato da Licia Pinelli, vedova dell'anarchico ucciso, contro la questura di Milano. Si concluderà nel 1975 con la sentenza di archiviazione del G.I. D'Ambrosio, che esclude l'omicidio e il suicidio, e dichiara «verosimile» la morte per «malore attivo»; D'Ambrosio descrive severamente la conduzione del fermo e dell'interrogatorio (la sentenza è pubblicata in volume da questa casa editrice, *Il malore attivo dell'anarchico Pinelli*, con le note di Adriano Sofri, Palermo 1996).

17 maggio 1972

Luigi Calabresi viene ucciso a Milano, mentre esce di casa per andare al lavoro. A spararli è un uomo vestito di scuro che poi si allontana su un'auto guidata, a detta di alcuni testimoni, da una donna.

Tra il 1972 e il 1980

Le indagini si muovono su vari fronti, compresi aderenti a «Lotta Continua», sospettata per la sua campagna giornalistica.

28 luglio 1988

Sofri, Bompressi e Pietrostefani vengono arrestati all'alba, nelle loro case. Li accusa Leonardo Marino, già militante di Lotta Continua, che indica se stesso come autista dell'omicidio Calabresi. Bompressi sarebbe stato l'esecutore e Sofri e Pietrostefani i mandanti dell'attentato.

Vengono rimessi in libertà dopo quattro mesi.

2 maggio 1990

La Corte d'Assise di Milano pronuncia tre condanne a ventidue anni di carcere e ne commina undici a Marino. Dopo una prima conferma in appello, le Sezioni unite della Corte di Cassazione annulleranno la condanna perché priva di riscontri e «viziata da gravi motivi logici e di forma».

21 dicembre 1993

Il secondo processo d'appello assolve tutti gli imputati. La sentenza verrà annullata per l'incongruità delle motivazioni, redatte dal giudice a latere che aveva dissentito dall'assoluzione (è la cosiddetta «sentenza suicida»).

11 novembre 1995

Il terzo processo d'appello condanna nuovamente a ventidue anni Sofri, Bompressi e Pietrostefani. Il reato è prescritto per Marino.

24 gennaio 1997

Due giorni dopo il settimo verdetto, e la conferma delle condanne. Sofri, Bompressi e, una settimana più tardi, Pietrostefani, che viveva da tempo a Parigi, si presentano al carcere di Pisa.

Indice

La gastrite di Platone

Questo volume è stato stampato
su carta Grifo vergata
delle Cartiere Miliani di Fabriano
nel mese di marzo 1998.

Stampa: Nuova Graphicadue, Palermo

Legatura: LE.I.MA. s.r.l., Palermo

La memoria

1 Leonardo Sciascia. Dalle parti degli infedeli
2 Robert L. Stevenson. Il diamante del Rajà
3 Lidia Storoni Mazzolani. Il ragionamento del principe di Biscari a Madama N.N.
4 Anatole France. Il procuratore della Giudea
5 Voltaire. Memorie
6 Ivàn Turghèniev. Lo spadaccino
7 Il romanzo della volpe
8 Alberto Moravia. Cosma e i briganti
9 Napoleone Bonaparte. Clisson ed Eugénie
10 Leonardo Sciascia. Atti relativi alla morte di Raymond Roussel
11 Daniel Defoe. La vera storia di Jonathan Wild
12 Joseph S. Le Fanu. Carmilla
13 Héctor Bianciotti. La ricerca del giardino
14 Le avventure di Giuseppe Pignata fuggito dalle carceri dell'Inquisizione di Roma
15 Edmondo De Amicis. Il "Re delle bambole"
16 John M. Synge. Le isole Aran
17 Jean Giraudoux. Susanna e il Pacifico
18 Augusto Monterroso. La pecora nera e altre favole
19 André Gide. Il viaggio d'Urien
20 Madame de La Fayette. L'amor geloso
21 Rex Stout. Due rampe per l'abisso
22 Fiòdor Dostojevskij. Il villaggio di Stepàncikovo
23 Gesualdo Bufalino. Diceria dell'untore
24 Laurence Sterne. Per Eliza
25 Wolfgang Goethe. Incomincia la novella storia
26 Arrigo Boito. Il pugno chiuso
27 Alessandro Manzoni. Storia della Colonna Infame
28 Max Aub. Delitti esemplari
29 Irene Brin. Usi e costumi 1920-1940
30 Maria Messina. Casa paterna
31 Nikolàj Gògol. Il Vij
32 Andrzej Kuśniewicz. Il Re delle due Sicilie
33 Francisco Vásquez. La veridica istoria di Lope de Aguirre
34 Neera. L'indomani
35 Sofia Guglielmina margravia di Bareith. Il rosso e il rosa

36 Giuseppe Vannicola. Il veleno
37 Marco Ramperti. L'alfabeto delle stelle
38 Massimo Bontempelli. La scacchiera davanti allo specchio
39 Leonardo Sciascia. Kermesse
40 Gesualdo Bufalino. Museo d'ombre
41 Max Beerbohm. Storie fantastiche per uomini stanchi
42 Anonimo ateniese. La democrazia come violenza
43 Michele Amari. Racconto popolare del Vespro siciliano
44 Vernon Lee. Possessioni
45 Teresa d'Avila. Libro delle relazioni e delle grazie
46 Annie Messina (Gamîla Ghâli). Il mirto e la rosa
47 Narciso Feliciano Pelosini. Maestro Domenico
48 Sebastiano Addamo. Le abitudini e l'assenza
49 Crébillon fils. La notte e il momento
50 Alfredo Panzini. Grammatica italiana
51 Maria Messina. La casa nel vicolo
52 Lidia Storoni Mazzolani. Una moglie
53 Martín Luis Guzmán. ¡Que Viva Villa!
54 Joseph-Arthur de Gobineau. Mademoiselle Irnois
55 Henry James. Il patto col fantasma
56 Leonardo Sciascia. La sentenza memorabile
57 Cesare Greppi. I testimoni
58 Giovanni Verga. Le storie del castello di Trezza
59 Henryk Sienkiewicz. Quo vadis?
60 Benedetto Croce. Isabella di Morra e Diego Sandoval de Castro
61 Diodoro Siculo. La rivolta degli schiavi in Sicilia
62 George Meredith. La vicenda del generale Ople e di Lady Camper
63 Bernardino de Sahagún. Storia indiana della conquista di Messico
64 Andrzej Kuśniewicz. Lezione di lingua morta
65 Maria Luisa Aguirre D'Amico. Paesi lontani
66 Giuseppe Antonio Borgese. Le belle
67 Luisa Adorno. L'ultima provincia
68 Charles e Mary Lamb. Cinque racconti da Shakespeare
69 Prosper Mérimée. Lokis
70 Charles-Louis de Montesquieu. Storia vera
71 Antonio Tabucchi. Donna di Porto Pim
72 Luciano Canfora. Storie di oligarchi
73 Giani Stuparich. Donne nella vita di Stefano Premuda
74 Wladislaw Terlecki. In fondo alla strada
75 Antonio Fogazzaro. Eden Anto
76 Anonimo. Storia del bellissimo Giuseppe e della sua sposa Aseneth
77 Vanni e Gian Mario Beltrami. Una breve illusione
78 Giorgio Pecorini. Il milite noto
79 Giuseppe Bonaviri. L'incominciamento
80 Leonardo Sciascia. L'affaire Moro
81 Ivàn Turghèniev. Primo amore
82 Nikolàj Leskòv. L'artista del toupet
83 Aleksàndr Puškin. La solitaria casetta sull'isola di Vasilij
84 Michaìl Čulkòv. La cuoca avvenente

85 Anita Loos. I signori preferiscono le bionde
86 Anita Loos. Ma... i signori sposano le brune
87 Angelo Morino. La donna marina
88 Guglielmo Negri. Il risveglio
89 Héctor Bianciotti. L'amore non è amato
90 Joris-Karl Huysmans. Il pensionato signor Bougran
91 André Chénier. Gli altari della paura
92 Luciano Canfora. Il comunista senza partito
93 Antonio Tabucchi. Notturno indiano
94 Jules Verne. L'eterno Adamo
95 Manuel Vázquez Montalbán. Assassinio al Comitato Centrale
96 Julian Stryjkowski. Il sogno di Asril
97 Manuel Puig. Agonia di un decennio, New York '78
98 Victor Zaslavsky. Il dottor Petrov parapsicologo
99 Gesualdo Bufalino. Argo il cieco ovvero I sogni della memoria
100 Leonardo Sciascia. Cronachette
101 Enea Silvio Piccolomini. Storia di due amanti
102 Angelo Rinaldi. L'ultima festa dell'Empire
103 Luisa Adorno. Le dorate stanze
104 James M. Cain. Il bambino nella ghiacciaia
105 Enrico Job. La Palazzina di villeggiatura
106 Antonio Castelli. Passi a piedi passi a memoria
107 Wilkie Collins. Tre storie in giallo
108 Friedrich Glauser. Il grafico della febbre
109 Friedrich Glauser. Il tè delle tre vecchie signore
110 Mary Lavin. Eterna
111 Aldo Alberti. La Rotonda dei Massalongo
112 Senofonte. Le Tavole di Licurgo
113 Leonardo Sciascia. Per un ritratto dello scrittore da giovane
114 Mario Soldati. 24 ore in uno studio cinematografico
115 Denis Diderot. L'uccello bianco. Racconto blu
116 Joseph-Arthur de Gobineau. Adelaide
117 Jurij Tynjanov. Il sottotenente Summenzionato
118 Boris Hazanov. L'ora del re
119 Anatolij Mariengof. I cinici
120 I. Grekova. Parrucchiere per signora
121 Corrado Alvaro. L'Italia rinunzia?
122 Gian Gaspare Napolitano. In guerra con gli scozzesi
123 Giuseppe Antonio Borgese. La città sconosciuta
124 Antonio Aniante. La rosa di zolfo
125 Maria Luisa Aguirre D'Amico. Come si può
126 Sergio Atzeni. Apologo del giudice bandito
127 Domenico Campana. La stanza dello scirocco
128 Aldo Alberti. La Lega delle Dame per il trasferimento del Papato nelle Americhe
129 Friedrich Glauser. Il sergente Studer
130 Matthew Phipps Shiel. Il principe Zaleski
131 Ben Hecht. Delitto senza passione
132 Fernand Crommelynck. La martingala rovesciata
133 Rosa Chacel. Relazione di un architetto

134 Walter De la Mare. L'artigiano ideale
135 Ludwig Achim von Arnim. Passioni olandesi
136 Rudyard Kipling. L'uomo che volle essere Re
137 Senofonte. La tirannide
138 Plutarco. Sertorio
139 Cicerone. La repubblica luminosa
140 Luciano Canfora. La biblioteca scomparsa
141 Etiemble. Tre donne di razza
142 Marco Momigliano. Autobiografia di un Rabbino italiano
143 Irene Brin. Dizionario del successo dell'insuccesso e dei luoghi comuni
144 Giovanni Ruffini. Il dottor Antonio
145 Aleksej Tolstoj. Il conte di Cagliostro
146 Mary Lamb. La scuola della signora Leicester
147 Luigi Capuana. Tortura
148 Ljudmila Shtern. I Dodici Collegi
149 Diario di Esterina
150 Madame de Vandeul. Diderot, mio padre
151 Ortensia Mancini. I piaceri della stupidità
152 Maria Mancini. I dispiaceri del Cardinale
153 Francesco Algarotti. Saggio sopra l'Imperio degl'Incas
154 Alessandro Manzoni. Quell'innominato
155 Jerre Mangione. Ricerca nella notte
156 Friedrich Glauser. Krock & Co.
157 Cami. Le avventure di Lufock Holmes
158 Ivan Gončarov. La malattia malvagia
159 Fausto Pirandello. Piccole impertinenze
160 Vincenzo Consolo. Retablo
161 Piero Calamandrei. La burla di Primavera con altre fiabe, e prose sparse
162 Antonio Tabucchi. I volatili del Beato Angelico
163 Fazil' Iskander. La costellazione del caprotoro
164 Ramón Gómez de la Serna. Le Tre Grazie
165 Corrado Alvaro. La signora dell'isola
166 Nadežda Durova. Memorie del cavalier-pulzella
167 Boris Jampol'skij. La grande epoca
168 Vito Piazza. La valigia sotto il letto
169 Eustachy Rylski. Una provincia sulla Vistola
170 Jerzy Andrzejewski. Le porte del paradiso
171 Madame de Caylus. Souvenirs
172 Principessa Palatina. Lettere
173 Friedrich Glauser. Il Cinese
174 Friedrich Glauser. Il regno di Matto
175 Gianfranco Dioguardi. Ange Goudar contro l'Ancien régime
176 Palmiro Togliatti. Il memoriale di Yalta
177 Mohandas Karamchand Gandhi. Tempio di Verità
178 Seneca. La vita felice
179 John Fante. Una moglie per Dino Rossi
180 Antifonte. La Verità
181 Evgenij Zamjatin. Il destino di un eretico
182 Gaetano Volpi. Del furore d'aver libri

183 Domostroj ovvero La felicità domestica
184 Luigi Capuana. C'era una volta...
185 Roberto Romani. La soffitta del Trianon
186 Athos Bigongiali. Una città proletaria
187 Antoine Rivarol. Piccolo dizionario dei grandi uomini della Rivoluzione
188 Ling Shuhua. Dopo la festa
189 Plutarco. Il simposio dei sette sapienti
190 Plutarco. Anziani e politica
191 Giuseppe Scaraffia. Il mantello di Casanova
192 Enrico Deaglio. Cinque storie quasi vere
193 Aleksandr Bogdanov. La stella rossa
194 Eáca de Queiroz-Ramalho Ortigão. Il mistero della strada di Sintra
195 Carlo Panella. Il verbale
196 Severino Cesari. Storie per quattro giornate
197 Charlotte Robespierre. Memorie sui miei fratelli
198 Fazil' Iskander. Oh, Marat!
199 Friedrich Glauser. I primi casi del sergente Studer
200
201 Adalbert Stifter. Pietra calcarea
202 Carlo Collodi. I ragazzi grandi
203 Valery Larbaud. Sotto la protezione di san Girolamo
204 Madame de Duras. Il segreto
205 Jurij Tomin. Magie a Leningrado
206 Enrico Morovich. I giganti marini
207 Edmondo De Amicis. Carmela
208 Luisa Adorno. Arco di luminara
209 Michele Perriera. A presto
210 Geoffrey Holiday Hall. La fine è nota
211 Teresa d'Avila. Meditazioni sul Cantico dei Cantici
212 Mary MacCarthy. Un'infanzia ottocento
213 Giuseppe Tornatore. Nuovo Cinema Paradiso
214 Adriano Sofri. Memoria
215 Carlo Lucarelli. Carta bianca
216 Ameng di Wu. La manica tagliata
217 Athos Bigangioli. Avvertimenti contro il mal di terra
218 Elvira Mancuso. Vecchia storia... inverosimile
219 Eduardo Rebulla. Carte celesti
220 Francesco Berti Arnoaldi. Viaggio con l'amico
221 Julien Benda. L'ordinazione
222 Voltaire. L'America
223 Saga di Eirik il rosso
224 Cristoforo Colombo. Lettere ai reali di Spagna
225 Bernardino de Sahagún. I colloqui dei Dodici
226 Sergio Atzeni. Il figlio di Bakunìn
227 Giuseppe Gangale. Revival
228 Alfredo Panzini. La cagna nera
229 Giovanni Boccaccio, Francesco Petrarca. Griselda
230 Adriano Sofri. L'ombra di Moro
231 Diego Novelli. Una vita sospesa

232 Ousmane Sembène. La Nera di...
233 Eugenio Battisti. Il ricordo d'un canto che non sento
234 Wilkie Collins. Il truffatore truffato
235 Carlo Lucarelli. L'estate torbida
236 Michail Kuzmin. La prodigiosa vita di Giuseppe Balsamo, conte di Cagliostro
237 Nelida Milani. Una valigia di cartone
238 David Herbert Lawrence. La volpe
239 Ghassan Kanafani. Uomini sotto il sole
240 Valentino Bompiani. La conchiglia all'orecchio
241 Franco Vegliani. Storie di animali
242 Irene Brin. Le visite
243 Jorge de Sena. La finestra d'angolo
244 Sergio Pitol. Valzer di Mefisto
245 Cesare De Marchi. Il bacio della maestra
246 Salvatore Nicosia. Il segno e la memoria
247 Ramón Pané. Relazione sulle antichità degli indiani
248 Gonzalo Fernández de Oviedo. Sommario della storia naturale delle Indie
249 Pero Vaz de Caminha. Lettera sulla scoperta del Brasile
250 Felipe Guamán Poma de Ayala. Conquista del Regno del Perù
251 Gabriel-François Coyer. Come il prospero Chinki s'immiserì per la ricchezza della nazione
252 David Hume. Il caso di Margaret, detta Peg, unica sorella legittima di John Bull
253 José Bianco. Ombre
254 Marcel Thiry. Distanze
255 Geoffrey Holiday Hall. Qualcuno alla porta
256 Eduardo Rebulla. Linea di terra
257 Igor Man. Gli ultimi cinque minuti
258 Enrico Deaglio. Il figlio della professoressa Colomba
259 Jean Rhys. Smile please
260 Pierre Drieu la Rochelle. Diario di un uomo tradito
261 J. E. Austen-Leigh. Ricordo di Jane Austen
262 Caroline Commanville. Anche mio zio Gustave Flaubert era un letterato
263 Christopher Morley. Il Parnaso ambulante
264 Christopher Morley. La libreria stregata
265 Madame de Grafigny. Lettere di una peruviana
266 Roger de Bussy-Rabutin. Storia amorosa delle Gallie
267 Antonio Tabucchi. Sogni di sogni
268 Arnold Toynbee. Il mondo e l'Occidente
269 Ugo Baduel. L'elmetto inglese
270 Apuleio. Della magia
271 Giacomo Debenedetti. 16 ottobre 1943
272 Antonio Faeti. L'archivio di Abele
273 Maria Messina. L'amore negato
274 Arnaldo Fraccaroli. Tomaso Largaspugna uomo pubblico
275 Laura Pariani. Di corno o d'oro
276 Luisa Adorno. La libertà ha un cappello a cilindro
277 Adriano Sofri. Le prigioni degli altri
278 Renzo Tomatis. Il laboratorio
279 Athos Bigongiali. Veglia irlandese

280 Michail Kuzmin. Le avventure di Aymé Leboeuf
281 Concetto Marchesi. Il libro di Tersite
282 Lorenza Mazzetti. Il cielo cade
283 Marcella Olschki. Terza liceo 1939
284 Maria Occhipinti. Una donna di Ragusa
285 Steno. Sotto le stelle del '44
286 Antonio Tosti. Cri-Kri
287 Daniel Defoe. La vita e le imprese di Sir Walter Raleigh
288 Ronan Sheehan. Il ragazzo con la ferita all'occhio
289 Marcella Cioni. La corimante
290 Marcella Cioni. Il Narciso di Rembrandt
291 Colette. La gatta
292 Carl Djerassi. Il futurista e altri racconti
293 Voltaire. Lettere d'amore alla nipote
294 Tacito. La Germania
295 Friedrich Glauser. Oltre il muro
296 Louise de Vilmorin. I gioielli di Madame de ***
297 Walter De la Mare. La tromba
298 Else Lasker-Schüler. La gatta rossa
299 Cesare De Marchi. La malattia del commissario
300
301 Zlatko Dizdarević. Giornale di guerra
302 Giuseppe Di Lello. Giudici
303 Andrea Camilleri. La forma dell'acqua
304 Andrea Camilleri. La stagione della caccia
305 Robert Louis Stevenson. Lettera al dottor Hyde
306 Robert Louis Stevenson. Weir di Hermiston
307 Dashiell Hammett. La ragazza dagli occhi d'argento
308 Carlo Bini. Manoscritto di un prigioniero
309 Vittorio Alfieri. Mirandomi in appannato specchio
310 Silvio d'Amico. Regina Coeli
311 Manuel Vázquez Montalbán. Il pianista
312 Ugo Pirro. Osteria dei pittori
313 Irene Brin. Cose viste 1938-1939
314 Enrique Vila-Matas. Suicidi esemplari
315 Sergio Pitol. La vita coniugale
316 Luis G. Martín. Gli oscuri
317 William Somerset Maugham. La villa sulla collina
318 James Barlow. Torno presto
319 Israel Zangwill. Il grande mistero di Bow
320 Pierluigi Celli. Il manager avveduto
321 Renato Serra. Esame di coscienza di un letterato
322 Sulayman Fayyad. Voci
323 Alessandro Defilippi. Una lunga consuetudine
324 Giuseppe Bonaviri. Il dottor Bilob
325 Antonio Tabucchi. Gli ultimi tre giorni di Fernando Pessoa
326 Denis Diderot. Il sogno di d'Alembert. Seguito da Il sogno di una rosa di Eugenio Scalfari
327 Marc Soriano. La settimana della cometa

328 Sebastiano Addamo. Non si fa mai giorno
329 Giovanni Ferrara. Il senso della notte
330 Eduardo Rebulla. Segni di fuoco
331 Andrea Camilleri. Il birraio di Preston
332 Isabelle, Véronique e Marc Soriano. Il Testamour o dei rimedi alla malinconia
333 Maurice Druon. Il bambino dai pollici verdi
334 George Meredith. Il racconto di Cloe
335 Sergio Marzorati. Ritorno a Zagabria
336 Enrico Job. Il pittore felice
337 Laura Pariani. Il pettine
338 Marco Ferrari. Alla rivoluzione sulla Due Cavalli
339 Luisa Adorno. Come a un ballo in maschera
340 Daria Galateria. Il tè a Port-Royal
341 James Hilton. Orizzonte perduto
342 Henry Rider Haggard. Lei
343 Henry Rider Haggard. Il ritorno di Lei
344 Maurizio Valenzi. C'è Togliatti!
345 Laura Pariani. La spada e la luna
346 Michele Perriera. Delirium cordis
347 Marisa Fenoglio. Casa Fenoglio
348 Friedrich Glauser. Morfina
349 Annie Messina. La principessa e il wâlî
350 Giovanni Ferrara. La sosta
351 Romain Colomb. Stendhal, mio cugino
352 Vito Piazza. Milanesi non si nasce
353 Marco Denevi. Rosaura alle dieci
354 Robert Louis Stevenson. Ricordo di Fleeming Jenkin
355 Andrea Camilleri. Il cane di terracotta
356 Francesco Bacone. Saggi
357 Wilkie Collins. Testimone d'accusa
358 Santo Piazzese. I delitti di via Medina-Sidonia
359 Patricia Highsmith. La casa nera
360 Racconti gialli
361 L'almanacco del delitto
362 Baronessa Orczy. Il vecchio nell'angolo
363 Jean Giono. La fine degli eroi
364 Carlo Lucarelli. Via delle Oche
365 Sergio Atzeni. Bellas mariposas
366 José Martí. Il processo Guiteau
367 Marcella Olschki. Oh, America!
368 Franco Vegliani. La frontiera
369 Maria Messina. Pettini-fini
370 Maria Messina. Le briciole del destino
371 Maria Messina. Il guinzaglio
372 Gesualdo Bufalino. La luce e il lutto
373 Christopher Morley. La macchina da scrivere
374 Andrea Camilleri. Il ladro di merendine
375 Pino Di Silvestro. Le epigrafi di Leonardo Sciascia
376 Francis Scott Fitzgerald. La crociera del Rottame Vagante

377 Franz Kafka. Sogni
378 Andrea Camilleri. Un filo di fumo
379 Annie Messina. Il banchetto dell'emiro
380 Lucio Anneo Seneca. Alla madre
381 Tommaso Di Ciaula. Acque sante, acque marce
382 Giovanni Papapietro. L'amica di mia madre
383 Ignazio Buttitta. La vera storia di Salvatore Giuliano
384 Giovanni di Alta Selva. Dolopato ovvero Il re e i sette sapienti
385 Andrea Camilleri. La bolla di componenda
386 Daphne du Maurier. Non voltarti
387 Daphne du Maurier. Gli uccelli
388 Daphne du Maurier. L'alibi
389 Julia Kristeva. Una donna decapitata
390 Alessandro Perissinotto. L'anno che uccisero Rosetta
391 Maurice Leblanc. Arsène Lupin contro la Mafia
392 Carolyn G. Hart. Morte in libreria
393 Fabrizio Canfora, Gotthold Ephraim Lessing. L'educazione del genere umano
394 Maria Messina. Ragazze siciliane
395 Maria Messina. Piccoli gorghi
396 Federico De Roberto. La sorte
397 Federico De Roberto. Processi verbali
398 Andrea Camilleri. La strage dimenticata
399 Andrea Camilleri. Il gioco della mosca
400
401 Andrea Camilleri. La voce del violino
402 Goliarda Sapienza. Lettera aperta
403 Marisa Fenoglio. Vivere altrove
404 Luigi Filippo d'Amico. Il cappellino
405 Irvine Welsh. La casa di John il Sordo
406 Giovanni Ferrara. La visione
407 Andrea Camilleri. La concessione del telefono